みわたす・つなげる

地誌学

上杉和央・小野映介編

古今書院

はじめに

　本書は，中学校（社会）や高等学校（地理歴史）の教職課程に不可欠な自然地理学・人文地理学・地誌学の授業に則した教科書としてつくった「みわたす・つなげる」シリーズの一書である。おもな対象は，教員志望の大学生や，一般教養として地理学を学びたい大学生で，中学校や高等学校で学ぶ地理と大学の地理学との橋渡しを企図している。もちろん，地理，日本史，世界史，また公民を指導する高校教員や，大学の地理学に興味のある高校生に手に取ってもらうこと，また大人の「学び直し」に利用してもらうことも大歓迎である。

　地理に関する高校教員の免許は「地理歴史」であり，歴史と地理が1つにまとまっている。また，中学校（社会）の免許は歴史と地理が1つになった科目内容ということもあり，やはり歴史と地理が深く関わる。このように，いずれも時間軸を扱う歴史と空間軸を扱う地理とが1つの教員免許として設定されているわけだが，時間と空間の2つの視点を自分のものとすることではじめてこの世界が分かるようになることを思えば，両者が1つになっているのは当然のことのようにも思われる。むしろ，教職を目指す学生に限らず，社会に出ていくあらゆる学生に身につけてほしい視点だと思っている。その意味で，2022年，「歴史総合」と並び，「地理総合」が高等学校での必履修科目として設定されたことは意義深い。2023年に始まる「地理探究」とともに，地理の果たす役割はますます高くなるだろう。

　ただ，歴史と地理を等しく学ぶことの大切さは分かってはいても，高等学校（地理歴史）もしくは中学校（社会）の教員免許の取得を志す学生の皆さんのなかには「歴史は好きだけど，地理はあまり……」といった人もいると思う。また，教養として地理学の授業を選択してくれる学生の皆さんのなかにも「地理は苦手だった」という人がいるだろう。私たちが大学で出会ってきた学生のなかにも，少なからずいた。そうした学生に，どうしたら地理や地理学の面白さや重要さを伝えることができるだろうか。このシリーズ制作の根底には，高等学校までに学んできた地理と大学の地理学を橋渡ししながら，地理学の魅力を伝えたいという私たちの思いがある。

　しかも，地理学は文系と理系の枠を越えた幅広い視野で世界を「みわたし」，またそうした

視点を「つなげて」世界を考え
ていく特徴を持っている。専門
としての地理学を追究する学生
はもちろんのこと，一般の学生
にとっても，地理学で磨かれる
「みわたす力」や「つなげる力」
は，きっと役に立つものとなる
に違いない。それは，学校教育
を通じて育成が求められる公民
的資質，すなわち広い視野から，
グローバル化する国際社会で，
平和で豊かな社会の形成に主体

的に貢献することに必要な公民としての資質・能力にも通ずるものである。

　「みわたす・つなげる」シリーズの特徴の1つに，自然地理学・人文地理学・地誌
学の各テキストが，それぞれ参照しあえるようになっていることがある。教職課程の
カリキュラムでは3つが異なる授業として提示されている。もちろん，それぞれ独自
の項目も多いが，それと同時に複数の分野にまたがる話題も多い。幅広い視点をつな
げることが地理学の面白さの1つだと先に記したが，まさにそうしたつながりを教科
書のなかでも示すように工夫した。

　本書は20章からなる。それぞれの章は独立して読めるように工夫してあるので，
興味や関心に応じてどの章から読んでもらってもかまわない。その際，欄外に示した
他の章やシリーズ内の『みわたす・つなげる自然地理学』『みわたす・つなげる人文
地理学』（本書内ではそれぞれ『自然地理学』『人文地理学』と記載する）の関連する
内容のリンクを参照して，積極的に知識をつなげてほしい。また，同じく欄外には，キー
ワードや理解を深めるための要点を載せている。

　参考文献は本書の最後にまとめている。学習者の利便性を考えて章ごととし，また
地理学の入門書として適切な文献を中心に厳選しているので，ぜひ参考としてほし
い。こうした点も含め，本書は地誌学に触れる導入のテキストとなるよう配慮して
いる。本書や姉妹編となる『自然地理学』『人文地理学』を用いた教材を通じて，講
義のなかで，もしくは議論を通じて，世界を「みわたす力」と，得られた知識を「つ
なげる力」を養ってほしい。

編著者一同

＊
「教職課程」とは，
教員免許を取得さ
せる大学の課程の
こと．

目　次

「みわたし」「つなげる」ことでみえてくる地域

1 地誌学とは何か

1．最初に学ぶ「地域」

　小学生の頃を思い出してほしい。国語・算数・理科・社会の基礎的な4教科については，小学1・2年には国語と算数しかなく，理科と社会は3年生になってから始まった。そうなると，現在の日本の教育体系において初めて「地理学っぽい」ことを学ぶのは小学3年生からとなる。

　さて，その小学3年生の社会で学んだのは，たとえば学区であったり市区町村レベルの範囲であったりといった，小学3年生の目線でとらえた身近な地域であった。その地域はどういった特徴があるのかを，時には校外学習をしたり，地域の方に話を聞いたりして学んでいったはずだ。そして，その学習成果を地図にする作業をした人もいるのではないだろうか。

　こうした地域に対する最初の学びの際，小さかった私たちは地域のあらゆるものに関心を持った。川の流れやそこに住む魚，川から引かれた用水路が潤す田んぼ，古い家の庭にある柿の木，森のなかにたたずむ神社，小学校までの通学路にあるお店の商品，消防署で働く人たちの姿，工場で作られているものなどなど。地域には，実に多くの素材があり，そうしたものに目移りしつつ，見つけたことを地図に落とし込み，地域の特徴を学んでいった。

　実は，こうした地域の特徴を探る営為こそ，地誌学の本質的な部分である。もちろん，小学3年生は身近な地域から始まるが，地誌学そのものは身近な地域だけが対象ではないし，その対象となる「地域」のスケールは集落レベルから大陸レベルまでと自由自在である。とはいえ，地域の特徴を知ろうとすること，それが地誌学であるということに違いはない。

　そうであれば，地誌学とは小学3年生でも取り組めるまさに初歩的な学問だということになる。大げさに言えば，人が周りの環境を理解することは，生存に不可欠であり，獲得せねばならない基礎的な知識だからこそ，社会や理科を学ぶ最初の段階に地誌学的なエッセンスを多分に持つ学習体系が準備されている，ということなのだろう。

2．みわたす力とつなげる力の駆使

　こうした小学3年生でも取り組めるような入門的な学問を，なぜ大学で再び扱うのか。それは，地域を調べるのは誰でもできるが，そこから地域の特徴を適切に描き出すのは難しいから，ということになる。小学校で学ぶのは「地誌」であり，大学で身に着けるのは「地誌学」である，といった言い方もできるかもしれない。地域に川，魚，田んぼ，神社，商店などがあることを知っただけで（地図上にプロットしただけでは）地域を理解したことには到底ならない。なぜ，そこにあるのかといった問いや，いつからあり，どう変化したのかといった疑問，そして何より，それらが地域の特徴として語りうるかといった点からの分析を通して初めて地域の学問的理解に近づく。

※
小学校学習指導要領を確認して，教育の内容や意図についての詳細を確認しよう．

　そのためには川，魚，田んぼ，商店といった個別の要素の分析を深めると同時に，それらの要素間の関係性に注目した総合的な分析が不可欠で，こうした点は，小学3年生にはとてもできない高度な内容である。地域には地形，気象，植生といった自然系の要素もあれば，政治，経済，文化，歴史といった人文社会系の要素もある。そうなると，地域の要素の分析には自然科学や社会科学，人文科学のそれぞれの素養からの分析が求められる。そしてそのうえで，それらを統合するための視点も必要となる。

　地理学は「みわたす力」と「つなげる力」を養う学問だが，地域という対象についてこの2つの力を駆使していった先に表れるのが地域の特徴であり，地誌学の目的となる。地誌学とは「地域の入門でありながら究極である」という実に奥深い内容を備える。

3．地誌学の系譜

　地誌学を英訳すると chorography や regional geography となる。前者はギリシャ語で場所を意味する単語と，記述や描画を意味する単語が結びつく形となっている。後者は，まさに地域の地理学である。研究者によってこれらの意味付けが異なることもあるが，場所や地域を対象とした学問であることは語義的にも間違いない。もちろん「地」を「誌」する「学」という漢字文化圏の語義も同じである。

　ドイツ語では Landeskunde（ランデスクンデ）と表現される。Landeskunde は，ドイツの民族意識や国民国家の形成に寄与する学問的基盤となったことで知られる。地誌学の持つ地域の個性を描き出そうとする特徴は，「民族」や「国民」といった地理的なまとまりをもつ集団のアイデンティティ形成という側面と結びつくこともあり，その場合，他とは違う地域的特徴の抽出が重視された。なお，Landeskunde は近代日本の政治や教育にも一定の影響を与え，明治政府は都道府県ごとの地誌編さんを企図したり，小学校では日本地誌，世界地誌といった枠組みで教育システムが構築されたりした。

　こうした地域の個性を記述する伝統的な地誌学の態度は，客観的，科学的な視点が地理学に強く求められるようになると，地域の個性を記述する伝統的な地誌学は例外主義であり，真理探究的な科学的態度に乏しいと批判されることになった。それは，当時の地誌学研究の多くが地域の多様な要素を網羅的に集めて並べるだけの静態的な態度にとどまっていたことにもよる。百科事典的な内容は備えても，項目が併記されているだけでは，その地域の特徴を十分に理解できなかったのである。

　その結果，空間科学を指向する系統地理学（自然地理学・人文地理学）が隆盛する一方で，地域に焦点を当てる地誌学の研究は減少していった。地域にある各要素についての分析が精緻かつ専門的になっていったことで，1人の研究者が地域を描き出すことが困難になっていったという背景もある。

　とはいえ，地誌学が役割を失ったわけではない。たとえば1967年から1980年に編まれた都道府県別の地誌シリーズである日本地誌研究所編『日本地誌』全21巻（二宮書店）は，自然条件，人文条件，それらの関係に関する最新の系統地理学の成果を持ち寄って編集することで，地域の科学的百科全書が企図されていた。

※
国民国家については『人文地理学』第14章を参照のこと．

4．地域のデータベース

　アメリカ合衆国の地理学者ブライアン・ベリー（Brian Berry）の地理行列は，地域の百科全書という点をより整理した形で概念化したものとみることもできる（図1-1）。地理行列とは縦に人文や自然の多様な属性が並び，横に地域が並ぶ表（行列）のことである。横の並び（行）が1つの視点から地域を串刺してとらえる系統地理学を示し，縦の並び（列）が1つの地域の個性をとらえる地誌学を示す。地理行列は「現在」だけでなく過去の段階のものも作ることが可能であり，それらによって時間的な変化も示すことが可能となる。

　さらに，この考え方は地理情報システム（GIS）にもつながる。地理行列の横の並びを地図に置き換えたとき，各属性が地図上の特定の地点と結びつくことになる。実際，GISでは地点データと属性データが表形式で格納されている（図1-2：ただし，縦の並びが地点，横の並びが属性となり，ベリーの地理行列とは行と列が反転する）。

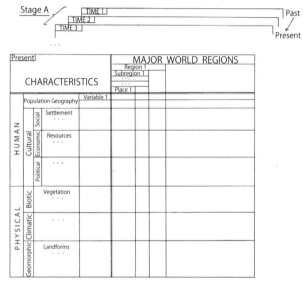

図1-1　ベリーの地理行列（Berry1964）

面積と人口から人口密度を表示

都道府県	面積	人口	人口密度	…	…
…					
…					
茨城県	6109	2975167	487		
栃木県	6421	2016631	314		
群馬県	6376	2024135	317		
埼玉県	3805	7054243	1854		
千葉県	5169	6056462	1172		
東京都	2194	12576601	5733		
神奈川県	2422	8791597	3630		
…					
…					

各都道府県の人口密度を一覧で表示

図1-2　GISの地図と属性データの関係

地理行列の内容が充実していくことで，各地域の（もしくは各属性の）詳細をとらえることができる。地理学の基礎的な作業には地理行列のデータベースを作っていく側面がある。小学校から学んできた地誌は，いわば自身の持つ地域データベースの情報を増やしていく作業であったのかもしれない。

5．地誌学の現在地

　ただ，こうしたデータベースの構築は一定の意義があるとはいえ，大事なのはそれをいかに活用するかである。地域の情報そのものが十分に理解されていなかった以前の地誌学においては，データベース構築に一定の役割があった。また，今もその役割が減じたわけではない。しかし，地域に関する要素が増え，またそれらの理解が個々に深まったとしても，それだけでは情報が羅列されたにすぎず，地域の個性が描出されたことにはならない。

　前述のように，こうした地誌学は静態的であると批判されている。そして，地域はもっとダイナミック（動態的）で活き活きとしたものであることを重視する動きが主流となっている。これは構造化理論などの社会理論と結びついた「新しい地誌学」の展開の中で登場した動きで，この視点であらわされた地誌は一般に「動態地誌」と呼ばれている。動態地誌では，地域の特徴を示すいくつかの要素を軸としつつ，それらに他の要素や事象を織り合わせていくことで，いわば地域の「物語」を紡いでいくことが重要であるとされている。

　地域の要素それ自体，独立して存在しているわけではない。その要素がローカル，ナショナル，グローバルといった複数の空間スケールで異なる役割を果たしている場合もあり，また他の空間スケールでの事象との関係性のなか位置づけられ，変化している場合もある。たとえば広島県の「原爆ドーム」は，広島市の地誌を描く際の1つの要素となりうるが，それは日本や世界といった視点からの意味付けとの関係性を考慮しないと十分に理解できないかもしれない。ベリーの地理行列でも考慮されていたように，時間スケールについても加えていいだろう。

　他の地域と比較をすることで，特徴がより鮮明になることもある。比較地誌と呼ばれるもので，そこでは複数の地域を1つないしいくつかの視点で取り上げたり，両者の関係性を検討したりすることを通じて，地域像を描き出していく。先にLandeskundeを紹介した際，地誌がアイデンティティと結びつくことを指摘したが，アイデンティティは「自」と「他」との区別から生じるもので，本来的に「自」と「他」が同時に表れる。そうであれば地域の特徴とは，他の地域の特徴が理解されて初めて理解可能となるものである。比較地誌は，そうした点を意識的に抽出して議論の俎上に載せるものとなっている。

6．野に出よ，されば与えられん

　地域に存在する多様な要素の抽出を主眼に置いた伝統的な地誌学は，静態的なものとされ，現在は動態的な地誌学が主流となっている。この流れは十分に評価したうえで，3つの点を改めて確認しておきたい。

　1つ目は，静態地誌に見られた地域データベース型の知の在り方の意義そのものが否定されたわけではない点である。動態地誌が推奨されるとしても，その前提には地域についての十分な理解が必要となる。地域の要素についての豊富な情報を有して初めて，どの要素を軸にすれば活き活きとした物語を描き出すことができるか，という点を吟味できるのであって，乏しい情報の中で描いたとしても地域の特徴を適切に示すところに到達することはできないだろう。

　1つ目にも関わるが，2つ目は動態的な地誌学に取り組むに際して重要なのが「みわたす力」と「つなげる力」である。地域の要素を多様な視点でみわたし，そしてそれらを適切につないでいくことで，地域の特徴を活写できる。

　この「適切につないでいく」方法を追究するのが動態的な地誌学のなかでは重要となるが，ではその適切さをどのように獲得するか。それが3つ目の点，すなわち「野に出よ，されば与えられん」となる。オンライン社会となり，現地に行かずとも地域の情報を多く得られるようになった。地域に関する表面的な理解は，もはや机上で可能な時代となったと言っていい。ただ，画面越しに「適切につないでいく」ためのアイデアを得られるかというと，それは難しい。本書のような地誌学テキストにはそうしたアイデアのヒントは書かれているかもしれないが，自らが対象とする地域の個性を適切に表現するには物足りないかもしれない。地誌学は地域の学である。そうであるならば，オンラインのデジタル空間や講義室から飛び出し，大地と人びとの息遣いが聞こえる現地へと足を踏み出してほしい。そうした体験をするなかで，きっと「みわたす力」と「つなげる力」が養われているはずである。

<aside>
※
自然と人間活動の相互作用について，上野登氏などは最も問題の顕在化しているのが地域であるとして，地域問題への積極的かつ批判的なアプローチを主張する地誌学の立場もある.
</aside>

7．本書が目指すもの

　本書は既刊の『みわたす・つなげる自然地理学』，『みわたす・つなげる人文地理学』に続くものである。ここでは，系統地理学と地誌学は不可分の関係にあるという認識のもとで，地域に存在する膨大なデータから，何を抽出して，どのような切り口で地域を描くことができるのかといった「見方」・「考え方」を提案する。したがって，従来の地誌学のテキストのように日本や世界各地の地理的情報を網羅的に扱うことはしない。ただし対象とする地域については，偏りが生じないように一定の配慮は行った（図1-3・図1-4）。その際，様々な空間スケールで地誌学的な「見方」・「考え方」を学べるように工夫した。本書は3部構成で，1〜5章では地誌学の基本を学び，6〜13章では日本地誌，14〜20章は世界地誌の理解を目指す。6章以降は，章ごとに完結した内容になっているので，どこから読んでいただいても構わない。

　近年，熊谷圭知『パプアニューギニアの「場所」の物語—動態地誌とフィールドワーク—』，渡辺悌二・白坂蕃 編著『変わりゆくパミールの自然と暮らし—持続可能な山岳社会に向けて—』といった，地誌学の魅力を具現化した書籍の刊行が相次いでいる。こうした動きは，過度に細分化された系統地理学研究へのアンチテーゼとしてとらえることができよう。フィールドに出れば，そこには自然・人文の垣根は存在しない。そんな当たり前のことを忘れてしまっては，野に出ても得られるものは少ないだろう。

（近藤章夫・上杉和央・小野映介）

図1-3　本書で扱う地域（日本）

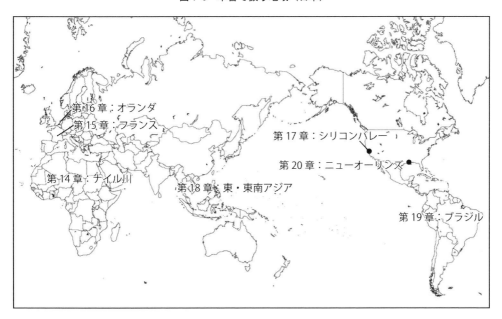

図1-4　本書で扱う地域（海外）

2 京都を歩く−地誌学事始め

1．地誌学に触れる

　地誌学は「みわたす力」と「つなげる力」を駆使しながら地域の特性を明らかにする学問である。本章では，具体的にどのような探究がありうるのかを説明したい。

　地誌学で扱う事象の空間スケールは，第1章で触れたように大小さまざまだが，ここでは都市スケールやその内部の地域スケールを事例にしよう。また，他の学問とは少し違う地誌学らしさの一端に触れてもらうために，地誌学での授業の一形態である巡検とその後の学びを想定して事例を設定した。

　関東地方の大学で学ぶ「ひなた」と「あおい」は，地誌学の授業の巡検に参加した。巡検先は修学旅行で行ったことのある京都について改めて知りたいという意見が採用され，京都となった。「先生」からは，巡検で訪れるそれぞれの場所について，学生が分担して事前学習をおこない，巡検中にその内容を紹介するように指示されている。ひなたの担当は京都市左京区岡崎地区である（図2-1）。岡崎地区は平安神宮のほかに美術館，動物園，ホールなどが建ち並ぶ文教地区で，近くには南禅寺もある。ひなたは地図上で確認できる琵琶湖疏水に関心を持ち，琵琶湖疏水の作られた近代の状況から岡崎地区を考えることにした。

　私たちも巡検メンバーに加わり，ひなたたちの会話に耳を傾けてみよう。

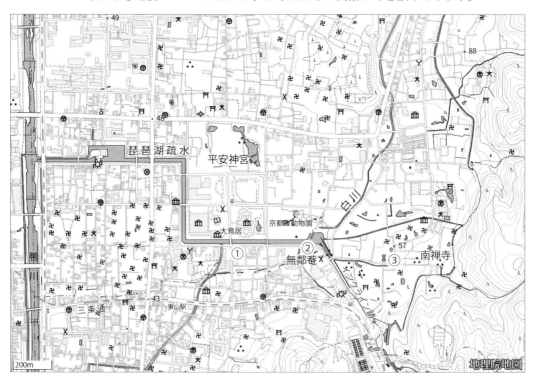

図2-1　京都市左京区岡崎地区周辺の地図（地理院地図をもとに作成）

※
実際に現地に赴いて地域の観察，資料調査，聞き取り調査などを行う研究手法を巡検もしくはフィールドワーク，エクスカーションと呼ぶ．

2．歴史的背景から京都をみる

Ｔ（先生）：京都市営地下鉄東西線の東山駅で降り，平安神宮に向かって北上し，琵琶湖疏水沿いまでやってきました（図2-2）。図2-1の①の場所あたりにいます。では，事前学習で調べた琵琶湖疎水の説明をお願いします。

Ｈ（ひなた）：琵琶湖疏水は，1890年に造られた琵琶湖と京都とを結ぶ運河です。琵琶湖疏水を調べてみると，近代以降の京都の工業化や都市発展に大きな影響を与えたことが分かりました。

　　京都の東にある琵琶湖は古くより東日本からの物資の輸送に利用されていましたが，京都に運び入れるためには一度陸路を利用しなければならない難点がありました。また，京都は歴史的に用水不足という問題を抱えてきています。そうしたなかでトンネル工事などによって琵琶湖の水を直接，京都盆地に引き込もうとしたのが琵琶湖疏水でした。琵琶湖疎水事業には，「通船による輸送力の増強」，「市街用水の欠乏の補給」，「水車による動力の強化」，「灌漑用水の確保」という多目的な利用が見込まれていました。実際，水運だけでなく生活用水や産業用水としても活用されてきています。

Ｔ：そうした琵琶湖疏水による近代化の様子は，現在の地域の中にも残っていますね。たとえば，輸送に大きな役割を果たしたインクラインも，その跡が残っています。インクラインはケーブルカーの原理で台車の上に船を載せて高低差のある区間を移動させるものですが，インクラインの動力源も琵琶湖疏水を利用した水力発電から得ていました。

　　また，この水力は日本で最初の電気鉄道の敷設や，京都市内の電気事業など，地域の産業の発展にも貢献しました。

Ｈ：電気鉄道は，1895年に開催された第4回内国勧業博覧会の送客を大きな目的として敷設された，ということでした。当時の電気鉄道は，後に廃止されますが，その年に作られた平安神宮は今も残されています（図2-2，図2-3）。

Ａ（あおい）：平安神宮は古くからある神社ではないのですね。

図2-2　琵琶湖疎水と平安神宮大鳥居（2022年撮影）
左奥の建物は国立近代美術館であり，右の木立の奥には京都市京セラ美術館がある．

図 2-3　平安神宮（応天門）（2022 年撮影）

H：はい，平安遷都千百年記念（1894 年）に造られたそうです。平安神宮の造営や博覧会の開催によって，それまで近郊農村地帯だった岡崎地区は都市化をしていきました。図 2-2 の左側にも映っているように，現在の岡崎地区には美術館や博物館，ホール施設などが集まっています。その背景には近代の博覧会会場を出発とした都市整備があります。博覧会は 1895 年の内国勧 業 博覧会だけでなく，大
　　　　　　　　　　　　　　　　　　　　　　　　　ないこくかんぎょう
正天皇，昭和天皇の即位記念の博覧会など何度も開催されています。そうしたなかで文化的施設が集積する地区へと整備されていきました。今回，事前に調べた内容をもとに現地を見ましたが，近代化の痕跡を実際に確認でき，改めて岡崎地区は京都の近代化を象徴する場所なのだと感じました。

T：いい気づきができましたね。では，岡崎地区だけでなく，京都全体を視野に入れる形で琵琶湖疏水の建設以後の京都の展開について，少し補足しておきましょう。琵琶湖疏水ができた時期は，岡崎地区だけでなく京都近郊の都市化が進み，京都全体の人口も増加していました。ただ，そうした都市化は都市問題の顕在化にもつながります。たとえば都市衛生の問題の場合，コレラの流行があります。コレラ患者が局地的に発生しているのではなく，全市街に散在していることが指摘されるようになると，病院の設置や衛生環境の整備に加えて，都市構造自体にも問題があると認識されるようになりました。人口密度の高さや，不衛生な環境，そして狭くて複雑な道路網といった都市問題の解決のために，都市構造の改造が求められるようになるわけです。

　こうしたなかで，1908 年には京都市三大事業として「第二琵琶湖疏水建設」，「上水道整備」，「道路拡張・市営電気軌道敷設」が始まります。その結果，琵琶湖の水が飲用水としても利用されるようになるほか，現在の京都市の骨格となる道路整備がおこなわれました。

　京都と言えば，平安京由来の歴史都市であることは間違いありませんが，こうした明治中期からの約 50 年間に起きた近代化が現在の京都の直接的な土台となっています。歴史都市・京都という個性は，いくつもの歴史的背景が重なり，

❈
京都では 1879 年，1886 年，1890 年，1895 年と，断続的にコレラの流行がみられた。

❈
京都市は 1918 年に周辺 16 町村，そして 1931 年には周辺 26 町村を編入し，いわば「大京都市」となった。翌 1932 年には人口が 100 万を超える。

できあがっています。ひなたさんの説明を聞きながら琵琶湖疏水とその影響を受けた岡崎地区の様子を見ていくことで，現在の京都を形作った近代化について考えることができましたね。

3.　人と自然のかかわりから京都をみる

Ｔ：さて，琵琶湖疏水に白川が合流する地点に来ました。図 2-1 の②の場所です。近くには琵琶湖疏水記念館のほか，山縣有朋（やまがたありとも）の別荘であった無鄰菴（むりんあん）があります。無鄰菴の庭園は名勝に指定されている近代日本庭園の傑作です（図 2-4）。庭園から東山の山並みが見えますが，京都という地域の地誌を描く上で市街地周辺の自然と人々とのかかわりを理解することはとても重要です。

　京都の情景を表す際に「山河襟帯（さんがきんたい）」や「山紫水明（さんしすいめい）」などの言葉が使われてきたように，もともと京都は周辺の山々と一帯となって歴史や文化を育んできました。実際に，昔の絵図には社寺の背景としてアカマツや柴草地におおわれている山々が描かれていて，京都らしい風景を構成する要素として認識されてきました。

　また，明治から昭和初期にかけて造られた東山山麓の庭園では，東山を「借景」として利用しました。無鄰菴の庭園もその 1 つです。借景とは造園技法の 1 つで，庭園外の風景を"生けどり"，前景となる庭園と調和させて一体として表現するものです。京都の岡崎から南禅寺周辺には東山を借景とした庭園を持つ別荘が多く建てられました。その庭園の多くを手がけた七代目小川治兵衛は，琵琶湖疏水を引き入れ，東山にみられたアカマツ林と調和するようにアカマツを植栽しました。

Ａ：先ほどから先生のお話の中にアカマツ林が出てきていますが東山のどの辺りにありますか？　東山にはマツはほとんどないと思うのですが。

Ｔ：そうですね。かつてアカマツ林があったと言うのが正確ですね。京都に暮らす人々は，昔から生活に必要な燃料や資材を周辺の山々から得ていました。京都周辺の山々では森林利用が進み，江戸時代には柴草地のような低植生やアカマツ林になっていたことが知られています。

※
借景の定義は，眺望論，調和論，主景論，隠滅論の 4 つに分類される（周 ほか 2012）。ここでは，小川治兵衛の自然主義的なものを鑑みて調和論の説明を採用した。

図 2-4　無鄰菴の庭園（2022 年撮影）

図 2-5　南禅寺三門から見た「絶景」（2022 年撮影）

Ａ：それが今では見られなくなったということですか？

Ｔ：その通りです。琵琶湖疏水のところでお話しした明治以降の近代化による大きな社会変化のなかで，京都周辺の山々の植生景観が変化してしまいました。東山の社寺林にあったアカマツ林の多くは明治初期に国有林に編入されて保護されたことで，植生遷移が進行していきました。第二次世界大戦後には，燃料革命により森林の利用が激減したことに加え，マツノザイセンチュウによるマツ枯れの被害も広がり，アカマツ林は常緑広葉樹林へと置き換えられていきました。その結果，現在の東山はシイ林やスギ・ヒノキの植林地におおわれています。

Ａ：近代化によって社会だけでなく，人と自然のかかわりも変化したのですね。京都らしい山々の景観は人の手が加わることで成り立っていたのに，手を加えずに保護することで，逆に京都らしくなくなってしまったということでしょうか？

Ｔ：「京都らしさ」という人々の意識も，社会や自然の変化と共に変容しているということだと思います。今でも，人と自然とのかかわりは失われたわけではなく，山々の植生を活かした京都らしさの維持が目指されています。借景としている東山の植生変化に合わせて整備方針を修正している無鄰菴の庭園はその典型です。

　人と自然とのかかわりは，時代と共にダイナミックに変化します。社会の変化により自然が変わり，また自然が変わることにより社会や人々の意識も変わるというわけですね。地域の特性は，こうした自然環境と人間社会との相互依存関係のなかに見いだされることも多くあります。

　そういえば，あとで南禅寺の三門（図 2-1 の③）にのぼってみるといいですよ。南禅寺の三門は，歌舞伎の『楼門五三桐』の演目で，石川五右衛門が三門の上から「絶景かな，絶景かな」と満開の桜を眺める場面で有名です。もちろん，この話はフィクションですが，東山の植生は昔も今も，その時どきの人と自然とのかかわりが感じられる京都らしい風景であり，それを眺める場所として三門は最適です。ぜひ，現代の人と自然のかかわりから生まれている「絶景」を眺めてみてください（図 2-5）。

4.「みわたす」「つなげる」を通じた地域理解の面白さ

　巡検から戻り，大学で受講した次の週の授業では，巡検で学んだことのふりかえりをした。そして最後に，先生から次のようなまとめと，レポート課題が提示された。

Ｔ：巡検のなかでは京都・岡崎地区について歴史的背景からとらえる視点と，人と自然とのかかわりからとらえる視点とでみていきました。地誌学では一定の範囲を持った地域の特徴を理解していきますが，その特徴のとらえ方は決して一通りに限るものではありません。地域を語る要素や視点をつなぎ合わせていく道筋は複数あってよいはずです。ポイントは地域の描写が羅列的にならないこと，そして単線的にならないことです。情報をたくさん仕入れることは大事ですが，それらの関係がわからないまま並べてみても，それは地域の特徴を十分に表現したとは言えません。

　　さて最後に，このパノラマ写真を見てください（図 2-6）。これは図 2-1 の②無鄰菴のあった付近から北側に向けて撮影したものです。琵琶湖疏水が右から左に流れています。そして，正面の暗渠部から流れ出ているのが白川です。この白川を題材にしても，別の視点から岡崎地区や京都について考えられると思います。巡検で知り得た情報も使いつつ，来週までに二人一組となって，白川を題材に岡崎や京都の地誌を考えるというレポートに取り組んでください。

　そこで後日，ひなたとあおいは白川を検討の出発点として京都らしさを考えてみることにした。

Ａ：白川という名前に「白」と入っているけど，琵琶湖疏水の底には白い砂があったよね。図 2-6 にも白川の出口付近に溜まっている様子が写っている。この砂はどこから流れてくるのだろう？

Ｈ：地理院地図を利用して調べてみると，白川の源流は五山の送り火で知られる大文字山（図 2-6 右側の山）と比叡山（図 2-6 中央やや右寄りの山）の間の山地だったよ。地理院地図上で地質図を重ね合わせてみたら，付近の山地の地質は花崗岩なんだって。

図 2-6　白川と琵琶湖疏水の合流地点（2022 年撮影）

図 2-7　琵琶湖疎水の浚渫作業（2022 年撮影）

図 2-8　南禅寺方丈庭園（2022 年撮影）

Ａ：花崗岩ってどういう特徴だっけ？

Ｈ：今，調べてみたけど，花崗岩には石英と長石が含まれるから，花崗岩由来の土砂は白っぽくみえるみたいだね。白川の名前の由来もこうしたところから来るのかな。

Ａ：じゃあ，私たちが歩いた岡崎地区は土砂が堆積した扇状地だったのかな。巡検で歩いた時，少し傾斜していたし。地理院地図には土地条件図も重ねられるよね。

Ｈ：重ねてみたら，確かに岡崎地区は土砂が堆積した扇状地だった。西側は鴨川の影響だと思うけど，東側は白川の運ぶ土砂の堆積でできた扇状地ということでよさそうだね。

Ａ：ウェブサイトを検索してみたけど，現在も白川は多くの土砂を供給していて，毎年，冬期には琵琶湖疏水で浚渫作業がおこなわれるみたい（図 2-7）。

　　それから白川の源流域で採取される砂は，白川砂と呼ばれているんだって。白川砂は京都の文化にも大きく関わっていて，江戸時代初期に作庭された南禅寺方丈の枯山水庭園（図 2-8）をはじめ，中世から近世にかけて作られた庭園や神社境内の多くで白川砂が使われていたそうだよ。

Ｈ：南禅寺方丈庭園はこの前の巡検で行ったね。

Ａ：巡検のときに見た無鄰菴では琵琶湖疏水の水が引かれ，東山の借景のもとで水の流れる庭園が作られていたけど，南禅寺方丈庭園では白川砂や石の巧みな配置によって水面が表現されていたね。どちらも京都を代表する庭園だけど，自然の表現方法が違うということだね。

Ｈ：江戸時代に編まれた『都名所図会』には，白川上流部の北白川地区で石材業が盛んで，灯ろうや手水鉢を作っていたと書かれているよ（図 2-9）。

Ａ：そこで採れた石材や砂は，近代以前の庭園や社寺に使われるもので，しかもそれが現在の京都らしさを形作る基盤となる自然環境にもなっているんだね。

Ｈ：巡検の時に学んだ歴史的背景の視点や，人と自然との関わりといった視点とも，つなげて考えることができそうだね。

Ａ：そうしたつながりをレポートでまとめてみよう。

図 2-9　『都名所図会』にみえる「北白川」の挿絵
(国際日本文化研究センター所蔵)

5．地誌学での見方・考え方

　ひなたやあおいたちは，巡検の事前学習や巡検中の見学を通じて，現在の京都を形作る近代以降の展開に目を向けながら京都を考えたり，自然と人とのかかわりから京都をとらえたりと，異なる視点から京都の特徴を理解しようとしていった。1つの地域をとらえる見方は1つしかないのではなく，多様な見方があることを学んでいたのではないかと思う。また，大学に戻った後に改めて検討していく作業を通じて，これまで得た知識や視点とつなげながら理解を深めていく考え方の一端にも触れることができた。実際のところ，得られた知識や視点のつなげ方は他にもたくさんあると思われるが，ひなたたちが「調べ学習→巡検（気づきを含む）→ふりかえり→自主学習」という流れを通じて岡崎地区や京都の理解度が高まったとすれば，この一連の授業はひとまず成功ということになるだろう。

　ひなたたちがレポート準備の中で少し楽しくなってきていたように，本書の読者にも，「みわたし」「つなげる」作業を通じて地域を理解する面白さを感じてほしい。そして，「みわたし」て得られた知識をどのように「つなげ」れば，地域の個性をもっとも適切に示せるかについて考えてほしい。それが地誌学における地域の見方や考え方の深化につながる。

　地域に関する多様な資料・データ・情報・要素を確認することも重要だが，それらを単に羅列的に示すのではなく，「みわたす力」と「つなげる力」を駆使してその地域を描き出そうとすることが，地誌学の探究においてもっとも重要な姿勢である。本書にはそのためのヒントが載っている。事例地の特徴を学ぶこともももちろん大事だが，そうした地誌学における探究の方法や姿勢をぜひ，本書を通じて学んでほしい。

（香川雄一・吉田圭一郎・上杉和央・小野映介）

3　調査の方法－準備から道具，心構えまで

1．地誌の調査とは

　「地誌」の調査と言ってもあまりピンとこないかもしれない。おそらく小学校では身近な地域の調査，中学校や高等学校では地域調査に加えてフィールドワークといった名称で学んできたことと同様の「調査」として理解してもらいたい。地誌の調査においては，地理学の方法がよく用いられているとともに，社会学，人類学，歴史学，統計学に加え，地形学，地質学，水文学，気象学などの方法も援用されている。

　こうした現地調査（図 3-1）の方法はどのように学べばよいのだろうか。小中学校の社会や高等学校の地理歴史の教科書にそのような内容があったかもしれないし，総合学習で学んだこともあるかもしれない。調査法の教科書もあるが，どちらかというと現場で学ぶことの方が多い。まさに「見て習う」という方法である。とはいっても，なにかとマニュアルがあった方が便利である。地誌の調査に必要な知識や道具，そして調査方法を紹介していこう。

　本書では，6 章以降で多様な地域の調査結果が記述されている。どの著者も最初は，既存の地図や統計資料などから対象地域の概要を調べることから始め，現地に行くための様々な準備をして，調査に必要な道具を集めていく。現地においては，調査者がトラブルに巻き込まれることや，引き起こすこともあるかもしれないので十分な注意が必要である。それに，調査先でお世話になるかもしれない人，なった人との関係の構築も重要である。ところで，調査は現地で完結するわけでなく，戻ってきてからも調査結果の整理や考察が必要になる。そこでは数量的なデータを集計したり，話を聞いた結果を文章化したり，現地で得た試料の理化学的実験を行うこともある。さらには，口頭で成果を発表したり，レポートや報告書にまとめたりという作業もある。

　対象地域の人と自然の関係を描き出すことを主たる目的とする地誌の調査の場合，まず対象地域を決めることから始めなければならないのだが，そこはあらかじめ決めておいたことにして調査の準備から，準備に必要な道具や資料，調査結果としてのデータの収集や分析，そして調査時の心構えについての順に説明していく。

図 3-1　現地調査の様子（岐阜県岐阜市．2021 年撮影．上杉和央提供）

2．調査の準備

　教室にいる時から調査の準備は始まっている。なぜなら，教員から調査の説明を聞いたり，学生どうしで調査の相談をしたりするかもしれないからだ。しかし，教室で調査の準備が完結するわけではないのは当然である。調査のためには，対象地域の情報を集めなければならない。

　まずは，図書館で資料を探してみることにしよう。教室にいても，スマートフォンがあればインターネットを使って情報を検索できると思うかもしれない。たしかにインターネットで調べられる情報量は膨大である。しかし図書館に収蔵されている書籍の情報は，インターネットだけでは調べつくせない量と質を有する。しかも，過去の情報になればなるほど，書籍をはじめとする紙の情報に頼らなければならない。手始めに現地の概要を知るためにはインターネットによる情報収集を行えばよいが，さらに資料を追加して調べたい場合は，ぜひ大学の図書館や公共図書館で情報を集めてみよう。その際，地誌の調査としてとくに有用なのは，事典のコーナーにある地名事典や各テーマの百科事典，そして郷土資料のコーナーである。大きな図書館であれば，地理の専門書のコーナーにも地誌に関する文献がそろっているだろう。大学の図書館の場合は，書庫に収蔵されている古い文献を探すこともお勧めしたい。

　ある程度の資料がそろってきたら，調査の計画を立てよう。いつ，どこに，どのようにしていくのか。さらに，現地で人と会う場合には事前にアポイントメントをとっておく必要がある。季節や天候によって装備も異なるし，訪問先によっては服装にも注意しなければならない。自分が現地で行動することを想定して，準備について考えよう。

3．調査の道具

　テーマによって，地誌の調査方法は異なるが，共通して必要になる道具は知っておいた方が良い。まず，調査に必要なのは筆記用具とメモである。教室での授業時と違い，持ち運びに便利な小さくて軽いものが適している。筆記用具には，雨が降ってもにじまないような工夫をされているものが必要である。現地調査で使うノートとしては，コンパクトであり厚手の表紙で方眼紙の形状で様々な記録を書き取るのに便利な「フィールドノート」を利用することをお勧めする。

　聞き取り対象者（インフォーマント）に話を聞く時や，その地域の風景や街並みを記録に残しておきたい時は人間の記憶だけでなく，機械に頼ることも考えなければならない。最近はスマートフォンが1台あれば事足りるかもしれないが，音声記録はボイスレコーダー，動画を含め映像記録を残すにはデジタルカメラが必要である。また，地形，水質，気象などの自然事象の調査においては，目的に応じて各種機材を用意する必要がある。現地では調査者は「外者」であることを自覚し，名札を身につけたり，名刺を持ち歩いたりすることも考えてほしい。なお，レンタカーや公共の交通機関で目的地まで行ける場合は別だが，外を長時間にわたって歩く場合は服装に注意したい。

　当然であるが，調査内容や調査対象地によって必要な道具は変わる。現地調査の前には，携行物のリストを作成して確認するとよいだろう。

※ 文献調査をする場合，インターネットの利用によって，文献検索は非常に便利にはなったが，図書館や資料館をはじめとして手に取って文献を探してみることも必要な作業である。

※ アポイントメントの取り方としては，手紙，電話，eメールなどがある。相手に迷惑をかけないように手段を選ぶ必要がある。

※ 古今書院からは，写真撮影時のスケールにも使えるフィールドノートが販売されている。

4．調査のデータ

　地誌の調査資料を考えると，無限に収集範囲が広がってしまう。ここでは日本国内で市区町村レベルの地域で調査することを想定して，そこで必要な資料を紹介したい。

　普段は目に見えないのだが，調査をするときに必要なのが統計データである。どこに誰がどれくらい住んでいるのかといったことは，1人1人を数えなくても既存の統計データを使える。まず知っておいてほしいのが，国勢調査である。日本では1920年以降，第二次世界大戦期を除き，5年ごとに各世帯へ調査票を配布するという形式で国勢調査が実施されてきた。ゆえに過去100年間は日本の人口動態を国勢調査から調べることができる。ただし，国勢調査だけで調べられることは限られている。

　当然のことながら，国勢調査以前から人は住んでいるし，調査内容によっては人口だけでなく産業や観光のデータも必要になってくるかもしれない。その際は，テーマに応じた統計を探してみよう。例えば，産業に関しては農林業や漁業，工業，商業といった種類別の統計が発行されている。さらに全国統一の基準ではないが，各都道府県では明治時代からの統計書も発行されており，国勢調査のデータを補完することができる。観光や環境についてのデータもあるので必要に応じて調べてみよう。

※
地誌もしくは地域の調査で必須である地形図をはじめとした各種地図については，次章でより詳しく紹介されている．

　対象地域の自然環境を調査しようとする場合，国土地理院や気象庁が作成したデータを使える。国土地理院は，地形・地質などの情報を提供している。気象庁からは過去の気象観測のデータを得ることができる。県史・市史などにも自然環境についての記載がなされており，地形・地質，気象などの情報に加え，植生・生物などの特徴を知ることができる。

　巻末の参考文献に挙げた文献などと合わせて，対象地域の情報を集めてから現地調査に臨めるように心がけてもらいたい。事前に地域の概要を把握することができれば，充実した現地調査を行うことが可能になる。

5．データの収集と分析

　観光旅行や社会科見学などと違って，調査では自分がデータを集めて，それらを分析しなければならない。フィールドノートに調査結果のメモを記録に残して文章化したり，撮りためた写真を整理したりすることもデータの収集と分析につながる。地誌の調査においても，歩いて見て回るだけでなく，収集したデータを活用しなければならない。

※
現地で気づいたことは，些細なことでもメモしておくと，レポートの作成時に役立つ．

　データを説明する際に，どちらかといえばわかりやすいのは，数値化することによって，それらを統計的に表現することである。例えば，ある程度のデータがそろってくると，平均値を出したり標準偏差を出したりすることによって，集めたデータの傾向を示すことができる。これは，人文現象でも自然現象でも同じである。地誌の調査の場合はデータに地域名が連動することが多いので，データと地名を表にして示す地理行列を作ることで地域的傾向をつかみやすくなる。さらにはデータの種類に加えて，過去のデータも集めることができると時系列的にデータを比較することができ，ある一定の時間的な幅で変化量も示すことができるだろう。

※
地理行列については第1章を参照のこと．

　こうした統計データを整理するためには，エクセルなどの表計算ソフトを利用でき

るようになると便利である。さらに統計データを地図化して「主題図」を作成する際には，GIS ソフトを使うことも必要となる。

　なお，ヒアリング結果などの質的データを整理する方法もある。話者を分類し，聞き取ったデータを並べ替えて組み合わせていくなど，KJ 法やテキスト分析などの方法もある。収集したデータに応じて，分析方法や考察の仕方を考えてほしい。

6．現地調査への心構え

　地誌の調査に限らず，現場では心がけておかなければならないことがある。大学の課題や卒業論文の執筆であったとしても，現地でお世話になる人々には，わざわざ時間を割いてもらって調査をさせてもらっているという気持ちで臨むことが大事である。また，調査をしている際に現地の方々から不審に思われないためにも，元気よく挨拶をすることや，インフォーマントに対して前もって聞くことを準備しておくこと，そして丁寧な言葉遣いは必須である。その地域のことは，その地域に住む人が最も良く知っている。図書館にある本やインターネットにはない情報もきっと入手できるだろう。

　入手した情報の扱い方にも注意が必要である。個人情報の保護はもちろんのこと，人権問題への配慮や調査先への感謝の心遣いも求められる。現地での安全な調査のためには健康への意識とけがの予防も考えておきたい。とくに海外で調査を行う場合には，外務省のホームページで対象地域の治安を確認するほか，必要に応じて伝染病の予防接種を受ける必要がある。また，現地でのトラブルを避けるためにも，信頼のおけるカウンターパート（受け入れ担当者や機関）とともに調査することをお勧めする。

7．さあ現地調査へ出発しよう！

　調査に対して臆病になってしまうとなかなか実行に移せない。予備調査で様々な資料を集めることによって，徐々に調査先への気持ちを高めていき，いつ出発しようかと心持になるような期待感をもてるようにしたい。現地では事前の想像とは異なる発見や，予測していなかった出会い，そして調査を実施することによる感動が待っているはずだ（図 3-2）。

※　現地の方々と行動をともにする「参与観察」も有効な調査方法である.

※　個人情報の保護や調査対象のプライバシーへの配慮など，調査では注意すべき点は多々ある．授業担当教員や先輩，家族や親類の話にも耳を傾け，調査の相手に迷惑をかけないようにしよう.

図 3-2　棚田での調査風景（兵庫県多可町．2022 年撮影．本田龍平提供）

（香川雄一）

「つなげる」ベース

4　地図の見方・使い方

1．地図と地理学

　地誌学は特定の地域についての理解を深める学問であり，地図は基本資料としての側面を持つと同時に，得られた成果を表現する方法としても重要となる。こうした点は系統地理学（自然地理学・人文地理学）の場合も変わらない。いわば，地図は地理学全体にとって学問の入り口であり出口でもあるような存在である。

　本章では，日本で入手可能な地図について，もしくは地図の作り方についての基本を学ぶ。本書（もしくは姉妹編の『自然地理学』と『人文地理学』）にはいくつもの地図が掲載されているが，そうした地図に親しむ下準備だと考えてほしい。

2．地図の種類

　まずは地図の種類や入手法を確認しよう。地図を分類する視点はいくつかある。例えば世界図，大陸図，（日本図などの）国図，地域図といった表現範囲による分類がある。世界や大陸といった広域を1枚の図に収める場合は小縮尺の図となり，逆に狭い範囲が描かれた測量図は大縮尺の図となる。縮尺の数値で示すと，例えば100万分1図の方が1万分1図よりも「小」縮尺の図ということになる。混乱する人もいるだろうが，分母をそろえてみればどちらが大きく，どちらが小さいかは明らかだろう。

　地図の表現対象によって分類するのであれば，基本となるのは一般図と主題図という分け方である。特定のテーマ（主題）を表現しようとするのが主題図であるのに対し，一般図は特定のテーマに偏らない多様な情報を掲載することを目的としている。一般図の典型が国土地理院の作製する2万5千分1地形図で，国土全体が同一の内容，基準で作られた基本図となっている。また各市町村単位で整備されている基本図や都市計画図も地域調査では基礎的な資料となる。

　国土地理院発行の地形図はユニバーサル横メルカトル図法で投影された図で，全国の地図販売店で購入できる。一般財団法人日本地図センターのウェブサイトに地図販売店一覧があるので，近くの販売店を確認するといい。また，国土地理院のウェブサイトからも購入できる。国土地理院のウェブサイトでは旧版地形図（以前に刊行されていた地形図）や空中写真も購入できるので，複数時点の地形図・空中写真を入手すれば，地域の変化を知ることができる。市町村単位の基本図については，市役所や役場で頒布されている場合が多い。市町村によって担当課や販売方法が違うので，まずは総合窓口などで購入方法を尋ねてみるといい。市町村ではハザードマップなどの主題図を頒布・配布している場合も多い。

　もう少し小さな範囲を表現した地図として一般的にみられるのは観光マップだろう。各地の観光案内所などで配布されている観光マップは，まさに観光に必要な情報に特化した主題図となっている。

　現在ではパソコンやタブレット上で閲覧可能なデジタル地図も重要な地図資料と

※
日本の地形図は，南辺よりも北辺の方が短くなる。地球が丸いゆえのことである。

※
球体である地球を平面である地図に投影する方法を図法と呼ぶ。

※
観光マップの事例は『人文地理学』第8章に掲げている。

なっている。国土地理院はウェブサイト上で閲覧可能な地理院地図を整備している。デジタル地図における基本図と位置づけてよい。また民間企業でも多様なデジタル地図が作られている。無料公開されている場合も多く，日常の様々な場面で利用している人も多いのではないだろうか。

3．地図を読む

　「地図の歴史は文字の歴史よりも長い」と言われることがある。どちらも視覚表現で情報を伝達共有する方法だが，食糧や水の場所などの情報を絵や記号を用いて共有することができる地図は，文字よりも先に発達していったとされている。

　食糧や水に限らず，ある一定の場所にある様々な情報を記号化して表現することが地図の特徴のひとつである。その際，あらゆる情報を記号化することはせず，必要な情報だけを取り出して作る，という点も特徴となっている。もし，食糧や水のある位置が知りたい場合は，現在地とそれらがある場所，そしてその両地点を結ぶ間にあるいくつかの目印などがあればよい。地図の良しあしを評価する基本指標となるのは，空間情報が適切に伝達や共有できる表現になっているかどうかだろう。長い地図の歴史のなかで，地図ならではの表現方法や作法が培われてきた。

　そのひとつが地図記号である。日本の地形図の場合，道路，田，果樹園，博物館といった記号が定められているが，それは世界共通の記号というわけではない。日本では田の地図記号があるが，稲作の少ない国の地図には田の地図記号は存在しない。逆に，たとえばブドウ畑のように，現在の日本では地図記号になっていない農産物栽培地を示す地図記号が作られている国もある。日本国内であっても，老人ホームや風車などのように，2000年代に入って新たに生まれた地図記号もある。過去の自然災害を伝える「自然災害伝承碑」に関する地図記号も作られ，2019年より地理院地図への掲載が始まった。地図記号には地域の歴史や文化，そしてその時々の状況が反映していることは覚えておいていい。

　地図記号であらわされた地理情報を読み取っていくのが読図の基本的な作法だが，地図に表現された情報を個別にとらえるのではなく，相互に関係づけて読み取ることができるか，というのがポイントになる。

　例えば，図4-1に示された場所がどういった地域であるかを考えてみよう。地図を前にまずすることは，いろいろな地図記号で示された地物の位置や分布を丁寧に確認することである。すると，田の記号が一面に広がっていること，建物が分散的にしか立地しておらず，集村ではなく散村になっていること，道路は直線的で直交するパターンとなっているが，地域全体に統一的な基準で敷設されているわけではなく，水路を挟んで異なるパターンとなっていること，図4-1の標高点は多くが2 mを示しておりフラットな地形であること，図4-1の右（東）には南北方向に田と水路が交互に並ぶ細長い区画が見られること，その場所は周辺よりも低く三角点が0.7 mを示していることなどを，読み取ることができる。田が広がる場所，散村，直交する道路パターン，フラットな地形といった個別の特徴はいろいろな場所で確認できるもので，必ずしも，この地域の特徴だというわけではない。個々の点ではなく，それらが同一場所で確認

※
風車は戦前の地形図でも地図記号化されていた（戦後の図式で廃止）。時代の変化の中で再脚光を浴びた好例だろう。自然災害伝承碑については『自然地理学』第13章も参照。

※
現在の地形図と旧版地形図とを比較すれば，地域の変化を読み取れる。

図 4-1　岡山市南区付近の地図（地理院地図をもとに作成）

できること，そうした全体性にこそ特徴が表れるのであり，相互に関連付けて考えて
みることが大事となる。すると，この地域が干拓地ではないか，という読み解きが可
能となる。

　地図を見た瞬間に干拓地と予想した人は高い地図読解能力を備えていると思うが，
そうではない人も個々の情報をつなげていく作業を繰り返していけば，地図の読解能
力は十分に鍛えられる。その際，地図からの情報に加えて，自然地理学や人文地理学
で学ぶ内容，これまでの他の学習内容，そして日常生活での経験といった様々な知識
をつなげていくことを意識してほしい。現地に赴いて得られる知見が重要となること
は言うまでもないが，たとえ行くことができなくても，地図をベースとしつつ，「つ
なげる力」を発揮することで地域についての一定の理解が得られる。

4. GIS に触れる

　GIS（地理情報システム：Geographical Information System）は，多様な地理情報を
地図上に重ね合わせつつ分析することで，関係性やパターンを読み取るシステムの全
体をさす。現在，GIS は多様な場面で利用されている。インターネット上で利用でき
るデジタル地図の多くで場所を検索ができたり，経路を探索（描画）ができたりする
のも，GIS の 1 つの利用例となる。Uber Eats などの配達においても衛星の測位シス
テムを利用した GIS が活躍する。地誌学では，自然環境，人口，産業といった地域
のデータを利用することも多いが，そうした地理情報は GIS を利用して分析するこ
とも可能である。

※
第 8 章，第 16 章
でも干拓地を扱っ
ている。干拓地の
利用の違いを考え
てみよう。

※
衛星による測位
システムは全球
測位衛星シス
テ ム（GNSS：
Global Navigation
Satellite System）
と総称される。

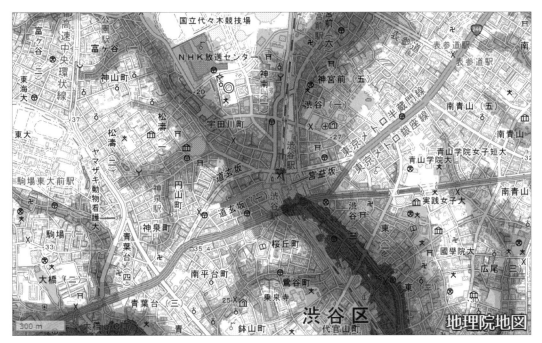

図 4-2　渋谷の谷地形（地理院地図をもとに作成）
単色の段彩で標高差を示している．色の濃い部分ほど標高が低い．

　地理院地図には様々な地理情報がすでに搭載されており，重ね合わせて表示することができる。また，環境省自然環境局生物多様性センターの整備している自然環境調査 Web-GIS では全国で実施されてきた自然環境保全基礎調査のデータが閲覧できる。市町村のウェブサイトにも地域に関する多種多様な情報が掲載されたデジタル地図が公開されていることがあり，地域の理解を深める第一歩として，こうした既存の GIS を利用することは有効だろう。図 4-2 は地理院地図を用いて渋谷周辺の土地の起伏を確認したものだが，可視化することで渋谷駅周辺が谷地形になっていることがよくわかる。

　自分で入手した地理情報を用いて GIS の分析をするためには，基盤となるデジタル地図と GIS のアプリが必要となる。デジタル地図について，日本の場合は国土地理院が GIS で利用可能な基盤地図情報を順次，整備している。自分の調査範囲が整備されているか確認してみるとよい。

　自分の入手したデータで GIS を動かす際，専門的で高度な分析の場合は有償アプリの利用が必要となることもあるが，現在では無償アプリのなかにも高いレベルで分析が可能なアプリがある。たとえば QGIS，オープンストリートマップ，GRASS GIS，MANDARA といったアプリは，地理学の学習で広く使われているもので，ほかにも人工衛星を用いた測位情報や写真を地図に示すといった作業には Google Earth なども有用である。

5．地図を作る
　地域の特徴を理解したら，それを伝えることが必要になる。そのための有効な手段

※
デジタル地図には，電源や電波の問題，表示される範囲が画面の大きさに規制される問題などがある．

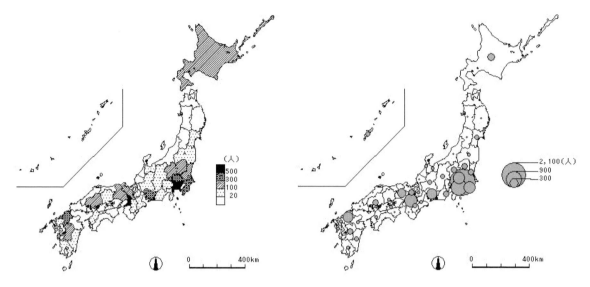

図 4-3　2021 年 1 月 8 日の都道府県別新型コロナウイルス新規感染者数
（MANDARA を用いて厚生労働省資料により作成）
左：階級区分図（コロプレスマップ），右：図形表現図

の 1 つが主題図である。主題図はベースマップから作ることもあるが，既存の地図を
ベースマップとしつつ，独自の情報を加えるなどして作ることも多い。そうした時，
いくつかの知っておくべき作法がある。

　測量図をベースマップとした場合，方位とスケールを記入することは必須の作法と
なる。地図の示す北には「真北」（北極点を示す方位），「磁北」（方位磁針の N 極が
指す方位），「方眼北」（地図上の方眼縦線の上方向）の 3 種類があり，依拠したベー
スマップによっては方位記号でそれらを表現し分けている場合がある。「4 の字」型
の方位記号は磁北を示すと解されることもあるので，使う場合は注意したい。また，
図の大きさに対して適切な大きさで方位やスケールを表現したり，図を邪魔しない場
所に配置したりといったことも気をつけたい。

　記号化して表示するのが地図の特徴と先に述べたが，主題図の場合，ベースマップ
に多くの地図記号があると，情報過多で十分に伝わらない図となる。ベースマップの
地図記号は主題を伝えるのに必要十分な情報にするようにしよう。

　ベースマップの上に主題を表現する際，分布を示したい主題の場合はドット（点）
で示すことが効果的であり，統計値の地域比較の場合はグラフを重ねて示したり，地
域ごとに塗り分けたりするとわかりやすくなる。表現したい地理情報の内容によって，
どういった表現方法が最適かを考えてほしい。

　例えば，図 4-3 は新型コロナウイルスの影響で 11 都府県に対して 2 回目の非常事
態宣言が出された 2021 年 1 月 8 日の都道府県別新規感染者数について，MANDARA
を用いて 2 つの図で示したものである。実は，この 2 つの図の表現方法はどちらも改
善の余地がある。感染者数を 5 段階に分けて都道府県別に色を塗り分けた階級区分図
（コロプレスマップ）の場合，北海道が過度に多い印象を受けることに気がつくだろ
うか。階級区分図は面積の大きさによって印象が大きく左右される。本来，階級区分

※
感染症については
『人文地理学』第
7 章でも扱ってい
る．

図は実数ではなく面積比や人口比といった相対値にして利用すべきである。一方，円などの図形を利用する主題図（図形表現図）の場合，関東地方の円が重なってしまい，表現している場所が読み取りにくくなっている。

　さらに，パソコンで主題図を作製する場合，白黒の濃淡やハッチだけでなく，色情報を加えて区分をすることがある。色には暖色や寒色といったイメージがあり，色使いによっては示したい内容とは異なるニュアンスを与えてしまう可能性がある。また，過度に多くの種類の色や図形を使って区分しても，読み取りにくい図となる。主題図は主題を適切に読み取れてこそ意味がある点を忘れないようにしたい。

コラム：空中写真・3D

　地図と並んで地域把握によく使われるのが空中写真である．空中写真には，航空機から撮影された写真のほか，人工衛星や無人航空機（一般にドローンと呼ばれることが多い）によって撮影された写真も含まれる．航空機による写真撮影は，以前はフィルム撮影であったが，現在はデジタルカメラによる撮影となっている．人工衛星やドローンで撮影される空中写真はそもそもがデジタル画像である．

　フィルム撮影の空中写真も多くはデジタル化されており，デジタル地図との相性はよい．ただし空中写真は，カメラの構造上，写真の中央部と周辺部とでは歪みが生じている．そのため，測量図と重ね合わせようと思えば，写真の歪みを補正しなければならない．ドローン撮影のデジタル写真画像も，地図と重ね合わせる際には補正が必要なことは変わりはない．

　画質は荒いものの，地理院地図には国土地理院の撮影した空中写真が掲載されており，現在は全国各地の空中写真を簡単にみることができる．複数の年代の空中写真を重ね合わせて見ることができるので，大まかな景観変遷を確認することもできる．また補正されていないものであれば比較的画質の良い画像の閲覧も可能である．高精細の画像や紙焼きの写真を入手する場合は国土地理院や空中写真を取り扱っている地図販売所で注文すればよい．

　実体鏡などを使いつつ，紙焼きした隣り合う2枚の空中写真を使って立体視をおこなうと，地表面の高さをかなりの精度で判読できる．また，地理院地図には標高データが備わっており，そのデータを利用して地図を3D表示させることもでき（地理院地図3D），荒い画質にはなるものの，視覚的・直感的に地域の起伏をとらえることができる．地理院地図には任意の地点の断面図を作成する機能もあるので，地域を平面的な視野でとらえるのではなく，垂直的な方向で理解することもできる．

　その他，よく利用されるアプリにカシミール3Dがある．衛星測位システムを利用した位置情報を地図上にプロットできたり，ある場所から可視できる範囲を確認したりなど，現地調査に有用な機能も備わっている．また，Google Earth も世界各地を立体的に眺めることができる．

※
地理院地図を利用した断面図は第11章で利用している．

（上杉和央）

5　地域の描き方−地誌へのアプローチ

1．地域を総合的に描く

　地理学の面白さは，人口や産業，地形や環境など特定の領域における「みわたす力」で空間や場所をとらえるだけでなく，「みわたす」ことによって様々な知識や経験が結びついて，新たな知の創出が図られるところにもある。こうした特定の領域だけでなく，関連することがらなどを別のある視点から照射したり，異なる分野や視点からの知見などを吸収することで，さらなる探求につなげていくことを本書のシリーズでは「つなげる力」と位置づけている。

　地誌学あるいは地誌は，この「つなげる力」が最も発揮される分野である。地誌学は地域や場所の範囲を特定して，その地域における個性を総合的に記述することを目的としている。通常，地理学は人文地理学と自然地理学に分かれ，さらに細分化されて都市地理学や経済地理学，歴史地理学，地形学や気候学などの分野に分かれている。ここでいう総合的に記述するとは，こうした分野の垣根を越えて，ある場所や地域における地理学的な知見を結集することを意味する。

　地域の描き方を考える際には，「総合的な記述」をどのようにとらえるかが重要である。地域の個性を記すうえで，地形や気候，人口や産業などについて基本的なデータは必要である。また，対象地域が世界あるいは日本のなかでどのような位置にあり，どのような特徴を持っているのかなども基本的な情報としてあることが望ましい。ただし，その地域における系統地理学的な情報をすべて記すことが望ましいわけではない。総合的に描くことが網羅的に描くことを意味するのではないことに留意されたい。むしろ，系統地理学における様々な知見を「つなげる」ためには，テーマ性であったり，ストーリー性であったり，何らかの意図や背景が出発点として必要となる。

　表 5-1 は，地誌の出発点となる意図や背景を整理したものである。テーマ性とは，地誌の軸となる視点や課題をどのように設定するのかにかかっている。高等学校の地理教育では，環境や防災などに力点が置かれるようになってきているが，こうした環境や防災をテーマにして，ある地域を記述するのは 1 つの方法である。時間軸や時代性とは，地域をどのような時間スケールで扱うのかという問題意識である。地域はある意味で，地層のごとく時代ごとの様々な経験が積み重なっている。その経験をどの時代にまで遡って読み解くかは，テーマやストーリーとも関係する。ストーリー性は，あるテーマにおいて何を強調してどのようにつなげるのかという点である。要素どうしをつなげていき，1 つのメカニズムやシステムとして記述するという方向性もあろう。主体と客体は，誰が何を描くのかという研究の立ち位置の確認である。

※
地理学の分野については『自然地理学』第 1 章や『人文地理学』第 1 章で説明されている.

※
環境をテーマにした地誌の例については第 8 章，防災は第 12 章を参照.

表 5-1　地誌の出発点

テーマ性	何を描くのか
時間軸	個人の経験する時間〜地球の年代まで
時代性	なぜ描くのか
ストーリー性	どのように描くのか
メカニズムやシステム	何をつなげて描くのか
主体と客体	誰が何を描くのか

2. 社会を地理から描く

　地域の描き方については，現行の高等学校の学習指導要領も参考になる。新しい地理総合では，地誌ではなく生活文化から国や地域を扱うことになっており，それらの社会的な事象を「地理に関わる事象」として考察する際の視点は，表 5-2 のようにまとめられている。特に，相互依存関係への視点は，地域を総合的に描く際に欠かせないものである。

表 5-2　地理総合における社会的事象への視点

(1) 位置や分布	人間と場所は，この地表面においてそれぞれ異なる絶対的位置と相対的位置とを有している．また，人間と場所の位置に関する知識は，地元，地域，国家，地球上でのそれぞれの相互依存関係を理解するための前提条件となる．
(2) 場所	場所は，自然的にも人文的にも多様な特徴を示す．場所の自然的特徴に関する知識，あるいは人々の環境への関心や行為は，人間と場所の相互依存関係を理解するための基礎となる．
(3) 人間と自然環境との相互関係	人間は，自然環境を多様に利用する．また，様々な働きかけにより，多様な文化景観を造り出す．空間における複雑な相互依存関係への理解が，環境計画や環境管理，あるいは環境保護にとって大変重要なものとなる．
(4) 空間的相互依存作用	資源は，一般にこの地球上に不均等に分布する．また，場所は，資源や情報を交換するために，運輸・通信システムにより結ばれている．空間的相互依存作用を探求することは，現代の問題を浮き彫りにしたり，地域的，国家的あるいは国際的な相互依存作用や協力関係の改善へのアイデアを提起したり，あるいは，貧困と富裕並びに人類の福祉への深い理解をもたらしてくれる．
(5) 地域	ある地域は，固有の要素により特徴づけられた一定の空間的ひろがりをもつ区域である．地域は，空間的にも時間的にも躍動的なものである．地理学者は，地域をいろいろと異なった規模，つまり地域社会，国家，大陸，地球規模で研究の対象とする．地域のもつ統合的システムは，一つの地球的生態系の概念へと導かれる．地球システムの中の異なる地域の構造と発展過程の理解は，人々の地域的，国家的アイデンティティ及び国際的立場を明らかにするための基礎となる．

出典：『高等学校学習指導要領（平成 30 年告示）解説』より抜粋

3. ある視点から地域を描く

　それでは，表 5-1 の出発点からスタートして，具体的に地域を総合的に描くにはどのようなアプローチを意識すればよいだろうか。

　まずは，強調したい視点から系統地理の知見をまとめていくのがやりやすい。例えば，歴史的な視点や産業の視点，人間と環境との相互関係の視点や生態的な視点など，力点を置きたいものを軸に地域の個性を探究していくというやり方である。こうしたやり方は「テーマ地誌」とでも呼べるもので，本書でもそれぞれの地誌にはある種のテーマがある。他方，時間軸を重視して変化や変動などの動きを強調したい場合は，動態的な視点に力点を置くことになる。こうした過去から現在にかけて，またはある時点からある時点までの動きをある種のストーリーで描くやり方は「動態地誌」などといわれる。ある事象の変化を取り上げて，その背景や要因，過程や結果などを地域の個性と絡めて描いていくことになる。

　また，様々な諸問題を軸に地域を描くやり方もお勧めしたい。例えば，経済格差を問題意識にもって，経済発展で遅れた地域や発展途上の地域などを取り上げて，グローバリゼーションに対する地域の生活文化を描くことや，環境問題やサスティナビ

リティの文脈においてそれぞれの地域の実情を多角的に記述することなどは，現代では重要な地誌の1つといえる。

4. 面白い地誌とは何か

　地域の描き方には先に述べたように，ある種の主体性がかかわる。そのため，同じ地域を対象にしても，100人の地理学者がいれば，100通りの地誌が生まれる。学術研究は英語で Arts&Science などと訳されることがあるが，Arts は学芸や芸術を意味し，Science は科学を意味する。人文地理学や自然地理学はどちらかといえば Science 指向であるが，地誌は Arts の領域にもかかわる点に面白さと難しさがある。ここでいう Arts とは著者の個性や，著者性ともいわれるものと関わる。

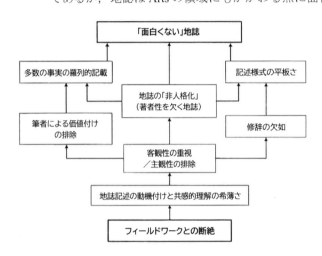

図5-1　「面白くない」地誌生産の構図（熊谷 2019）

　地誌に著者の個性が入るということは，面白い地誌についてもそれぞれの地理学者が違った基準を持っているということである。ここでは，地誌に真摯に向き合ってきた熊谷圭知氏の見解を紹介することとする。熊谷氏は，パプアニューギニアにおける長期間のフィールドワークにもとづいた独自の地誌観を披露している。図5-1は「面白くない」地誌についてまとめたものである。また，理想の地誌については，以下のような見解を記している。

　　「理想的な「地（域）誌」の条件は次のようなものである。①たしかな（身体性に基づく）フィールドワークに根ざしていること。②可視化される景観や物質的な生活様式だけでなく，そこに生きる人びとの生活とその世界観に迫っていること。③風景や風土を通じた人びとと場所との関わりが生き生きと描かれていること。④ローカルな生活世界のリアリティを，ナショナル，グローバルな関係性の中に位置づけること。言い換えれば「場所」をダイナミックな関係性の所産として提示すること。そして，すでに述べたように，⑤それらの記述の中に著者の個性（著者性）が発揮されていることである。」（熊谷，2019：70）

　こうした見解を参考に，本書の読者が自らの問題意識と個性にもとづいて面白いと思う新たな地誌を描いて欲しい。重要なのは，様々なものを「つなげる」という意識と，既存の研究にはない何か新しい見方や知見を生み出そうとする姿勢，そしてその地域への思いである。

　　　　　　　　　　　　　　　　　　　　　（近藤章夫・上杉和央・吉田圭一郎）

コラム：地誌を誰に語るのか

　地誌学の来歴は一様ではない．第1章でも紹介されているように，そもそも地誌学の英語訳には2種類ある．「chorography」と「regional geography」である．「chorography」はギリシャ哲学の流れを汲んでおり，この用語は主にフランスとドイツで使われてきた．後者の「regional geography」は地域地理学とも訳され，しばしば地誌学と地域地理学は同義として扱われる．こちらはイギリスやアメリカなどの英語圏で主に用いられてきた．例えば英語圏の定評ある事典『The Dictionary of Human Geography』の第5版では，「chorography」と「regional geography」の両項目が採録されているが，前者はどちらかといえば近代地理学以前の歴史的な用語として説明されており，地誌学としての説明は「regional geography」で詳しくなされている．

　かように，地誌学とは用語から揺らぎがあり，確たる定義やはっきりした学問領域があるわけではない不思議な科目である．この「みわたす・つなげる地理学」シリーズにおいては，地誌学は系統地理学における知識(データベース)を個別具体的な地域へ「集合知」として落とし込む研究として位置づけている．言いかえれば，多様な視座から「みわたす」ことで得られてきた知を，1つの地域を舞台にして「つなげる」ことで，地域らしさを鮮明にしようとする研究である．それはすべての知を並列することでは決してない．地域らしさをもっとも表現するつなげ方を模索するなかで生まれてくるのが「集合知」となる．

　このとらえ方は，地誌学と似た地域研究（area studies）との違いをはっきりさせる．地域研究は，第二次世界大戦後に政策科学を指向した領域として生まれたこともあり，各地域における個別具体的な知を一般的な知から解釈する研究，と言えるかもしれない．すなわち，地域研究ではそれぞれの地域の問題や課題を一般的な枠組みの中へ位置付けることに焦点があるのに対し，地誌学では一般的な枠組を参照しつつそれぞれの地域の個性を浮かび上がらせることに力点を置いているということである．

　このように整理すると，地誌学における記述は誰に向けたものかを考えることが重要である．地誌を誰に語るのか，という視点はそもそも地域のスケールをどのように設定するのかと密接に関係する．本書でも，日本編は主に市町村スケールであり，海外は国も含めて広範囲のスケールなどが多くなっているが，それは本書が高大連携を意識した教育書であり，読み手が日本の大学で学ぶ教職課程の大学生向けであることと関係している．地誌学は常に読み手との「対話」で成り立ち，この「対話」を通じて地理学の成果を伝えていくためのプラットフォームともいえる．著者と読み手には情報の非対称性が横たわっているので，この非対称性を埋めていく作業こそが「集合知」として落とし込んでいく醍醐味であり，著者性や「Arts」などが発揮される側面なのである．

（近藤章夫）

6 都市の個性－京都府宇治市

1. 都市の個性をとらえる想像力

図 6-1　あるまちの風景 （2017 年撮影）

　地誌学にとって，地域の個性を知ることは重要な研究テーマの 1 つである。その方法はいくつもあるが，ここでは風景や景観のなかに表れる都市の個性という点に注目したい。

　図 6-1 はあるまちの風景を撮ったものである。ここにみえる風景のなかには，都市の個性を知るための素材がたくさんある。まずは，風景を構成している様々な要素に注目しながら，このまちについて自由に想像してみよう。想像を膨らませるコツとしては，「○○がある」だけではなく，「なぜ」や「いつ」といった疑問とともに，1 つ先を見ようとすることだ。要素どうしの関係を考えてみるのもよい。自分の知っている場所と比較するのも有効だ。

　例えば次のような想像はどうだろう。

　　商店街を人が歩いている。自転車に乗った人もいるが，歩行者は数名で連れだって来ているようであり，近所の住民ではなく，地域外から来た人かもしれない。外国人らしい人物もおり，カフェに気を取られている。どんなカフェだろう。商店街には古くからありそうな店構えのものも新しくできたようなものもあって，街としての息遣いが聞こえてくる。この地域に人を呼び込む要因が何かあるはずだ。それにしても，幅は広くないがまっすぐな道が続いている。この道はいつからあるのだろうか。

※
地域比較による個性の抽出は，第 15 章で扱っている.

2. 人々のイメージとまち

こうした想像は個性に気づくための第一歩となる。そして，ここに地名の情報を加えると，想像をさらに膨らませることが可能となる。図6-1に写っているのは，京都府宇治市の宇治橋通り商店街である。宇治と聞けば，いくつかのキーワードを思いつく人も多いだろう。場所のイメージは視覚情報だけでなく，これまでの様々な経験や知識からも醸成されている。

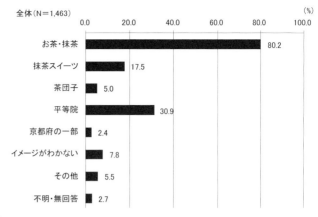

図6-2 宇治のイメージ（『平成28年 宇治市観光動向調査』より）

一般の人たちの宇治イメージを知るために，2016・2017年に実施された宇治市観光動向調査をみておきたい。それによれば，宇治への来訪目的は「寺院・神社，名所・旧跡」が72.2%を占め，次いで「自然や風景，まちの景観」24.7%，そして「宇治茶・抹茶スイーツ（合計）」24.1%となっている。また，宇治のイメージを訊ねた調査では「お茶・抹茶」が他を圧倒しており，次が平等院となっている（図6-2）。

図6-1は図6-3上の矢印から撮影されたもので，JR宇治駅や平等院にも近い地点にあたる。写真に写る人びとのなかにも宇治茶や抹茶スイーツ，そして平等院を求めて

※
現在，市町村のウェブサイトで，各種統計を入手することができる。

※
図6-2から，宇治市の観光振興策を考えてみよう。

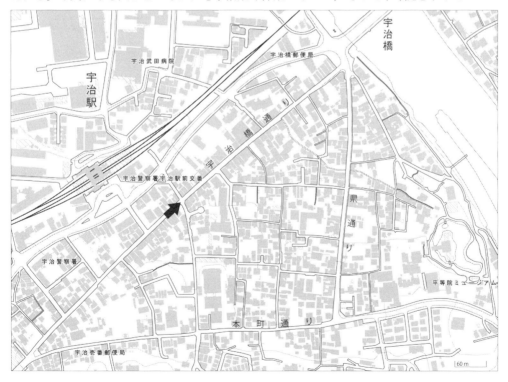

図6-3 宇治市街図（地理院地図をもとに作成）

図 6-4　茶農家宅（右手前）と茶師宅（右奥）（2013 年撮影）

やってきた人がいるのだろう。そして，こうした観光客の動向やイメージを反映し，宇治橋通り商店街には，宇治茶や抹茶スイーツを提供する店が多くある。図 6-1 の左側手前に写るカフェもその 1 つだ。

3. 積み重なる都市の個性

　宇治の市街地は宇治川のたもとにある。その起源は，平安期に貴族の別荘地（別業）となった時である。平等院はその中心をなす施設の 1 つだった。地図を見ると，宇治橋通りを斜辺，県通りを短辺，本町通りを長辺とする大きな直角三角形がみえる。その三角形のなかには，県通り（南北）や本町通り（東西）と同じ方向の街路がいくつもみえるが，こうした街路は，平安期の都市化のなかで敷設されたものである。

　これに対して，宇治橋通りは方向がまったく違う。この道は奈良と京都を結ぶ街道であり，別業の区画する街路とは目的も整備時期も異なっているからである。この街道が現在の場所に整備されたのは，中世に入ってからである。

　そして中世には，現在まで続く茶生産も開始されている。茶栽培に適した自然環境だったこともあり，宇治ではおいしい茶ができた。産地形成には，京都という政治・文化の中心地に近いことも幸いした。茶は政治の道具であり，権力者たちがこぞって宇治の茶師を保護するようになったのである。

　こうした茶師たちの多くは宇治橋通り沿いに居を構えていた。現在も宇治橋通りを歩くと，茶師宅だった江戸時代の建物を見ることができる。また茶生産に従事する茶農家の家もある（図 6-4）。茶農家の家をよく見ると，収穫した茶を雨に濡らさずに家裏の製茶関連施設に運び込めるよう，深い小庇（こびさし）を持つ造りになっている。

　それなら，商店街自体はいつ生まれてきたのか。それは近代に入って，鉄道が敷設

※
自然環境と農業生産の関係については，『自然地理学』第 4 章や，『人文地理学』第 4 章を参照.

図 6-5　近代にはデパートだった建物（2020 年撮影）

され，さらに日本レイヨン（現ユニチカ）の繊維工場が設置されてからとなる。宇治に工場が進出したのは宇治川の豊富できれいな水が利用できることが大きく影響している。工場が進出すると，多くの職工が宇治に集まるようになった。宇治の遊覧客に加え，そうした地域に働く人々のニーズに応じる形で，宇治橋通りには様々な商店が立ち並ぶようになっていく。今でも，宇治橋通り商店街にはモダンなファサードを持つ建物が見られるが，それはまさに当時の繁栄を語りつぐ要素である（図 6-5）。

4．個性を知る意味

　こうした歴史をたどるなかで，宇治は個性を積み重ねていった。平等院や宇治茶を求めて来る観光客やあなた自身のイメージは，確かに宇治の個性の一部をつかんではいるが，そこからさらに深く読み解くためには，知的好奇心が必要となる。宇治橋通り商店街の場合は，時代ごとに生まれ，展開したいくつかの側面が折り重なっている様子が景観によく表れている。何気なく歩くと他と同じような商店街に見えてしまうが，実はこうした個性を持つ場所は宇治にしかないのである。もちろん，他の都市にもそれぞれの個性がある。そうした個性に光を当て，読み解いていくこと。それが地誌学の面白さであり，研究課題である。

　なお，宇治市はこうした個性を丹念に読み解いたうえで，それをふまえた新たな街並みを創出する取り組みを始めている。商店街の建物の外観を宇治らしいものへと誘導しているのはその一例である。

　都市の個性を知るのは，単に個人的な楽しみにとどまるわけではない。地誌学で得られる知識は，地域の未来を考える重要な社会的資源ともなるのだ。

（上杉和央）

※
宇治市街地は，宇治らしい景観の価値が認められ，国の重要文化的景観に選定されている.

7　鉱工業都市－茨城県日立市

1．日立市の概要

　日立市は日本を代表する総合電機メーカーである日立製作所の創業地である。茨城県北東部に位置し，面積は 225.78 km² で太平洋に面している。南で隣接する東海村との境には久慈川が流れており，久慈川が関東平野のほぼ北端となる。そのため，日立の可住域は西側の多賀山地と太平洋との間で挟まれた細長い平野が主であり，人口が増えるにしたがって，山間地を切り開いて宅地化を進めてきた。平野部では主に3 段からなる河成段丘と扇状地がみられる。

　日立市の人口は茨城県最大となった時期もあり，最盛期には 20 万人超を数え，長らく県庁所在地の水戸市に次ぐ規模であった。しかし，近年は減少傾向が顕著であり，2020 年の国勢調査では 17 万 4508 人であった。現在では，つくば市に次ぐ県内第 3 都市となっている。人口の減少は日立市の産業動向と深く関わっており，企業城下町としての再編あるいは衰退の影響を受けている。企業と地域の関係をみるうえで，企業城下町は興味深い題材であり，経済や産業の視点から地域のダイナミズムを描くケーススタディとして大いに学ぶべきものがある。本章では日立市における産業の黎明から発展，衰退までを鉱工業都市の地誌として見ていきたい。

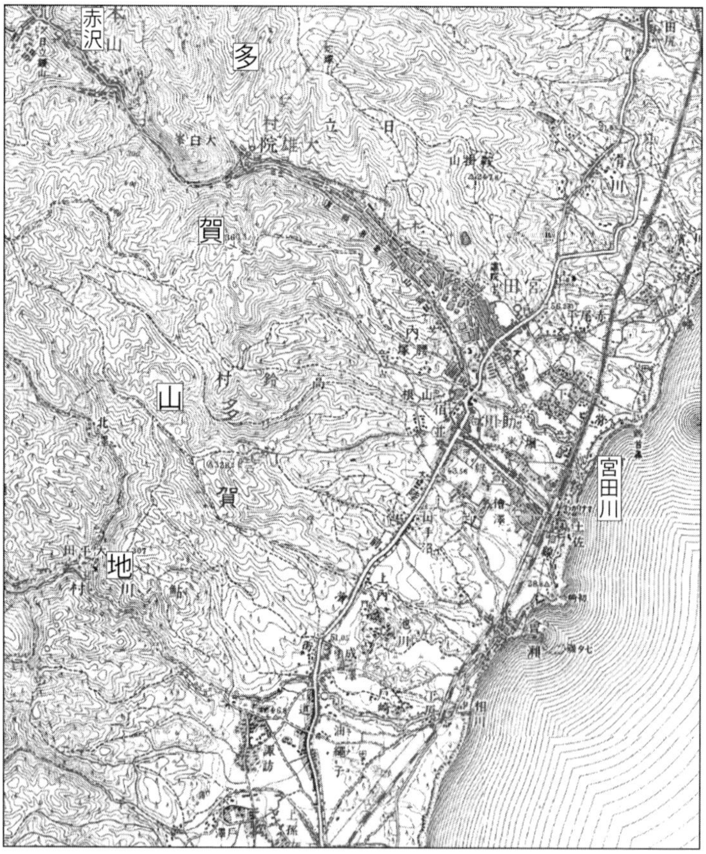

※
河成段丘については『自然地理学』第 5 章を，扇状地については同書第 6 章を参照.

図 7-1　日立市周辺（5 万分の 1 地形図「太田」大正 6（1917）年に加筆）

2．日立の歴史と産業の黎明期

　地名としての「ひたち」は漢字で「日立」と「常陸」がある。漢字として古くからあるのは「常陸」のほうで，最初に歴史に登場するのは『常陸国風土記』である。この書は，元明天皇の命によって奈良時代初期の 713 年に編纂され，721 年に成立した地誌である。『常陸国風土記』によれば，645 年の「大化の改新」後に中央集権化がすすめられ，その翌年の 646 年に常陸国が設置されたとある。常陸国の範囲は現在の茨城県とほぼ重なる。

　もう 1 つの「ひたち」である

「日立」は，江戸時代から使われるようになった。現在の日立市とその周辺は，江戸時代に徳川御三家の1つであった水戸藩の領土になる。水戸藩の第2代藩主であり，水戸黄門として有名な徳川光圀公が日立市内の神社を訪れた際に「朝日の立ち上る様は領内随一」と称えたとされ，そこからこの地を「日立」と記すようになったといわれている。

図7-1は1917年の日立市である。当時は日立村であり，まだ市域全体への本格的な工業化はみられず，農漁村の趣きが残っている。常磐線が1897（明治30）年に開通して南北

図7-2　大煙突の模様（左は1993年以前，右は現存のもの）
（出典：日立市公式シティプロモーションサイトHP）

に通じ，常磐炭田の石炭を京浜地方に輸送する役割を担うようになってから，日立も鉱工業が発達するようになった。契機となったのは，1905（明治38）年の末に久原房之助が鉱山経営に乗り出したことである。図7-1では，赤沢から宮田川の谷沿いに日立鉱山関係の施設がみられ，それにともなって集落も人口も増加した。当時の日立村の人口は1906（明治39）年に2457人であったが，約10年後の1917（大正6）年には1万1359人を数え，約5倍に人口が急増した。

日立鉱山が発達するにしたがい，当時は煙害が大きな問題となった。そこで，久原房之助は煙害対策のために当時として世界最大となる約155.7mの大煙突を建設することにし，1915年から使用開始されることになった。その後，鉱山の近隣地区において煙害は減少し，さらに有害物質の除去設備の導入などで問題の鎮静化が図られた。この時に建設された大煙突は，現在日立市のシンボルとなっており，1993年に3分の1を残して突然倒壊してしまったものの，地域の経験を語る産業遺産としていまも現役で使われている（図7-2）。

3. 鉱山町としての発展

日立市は日本有数の鉱工業都市であり，企業城下町として発展してきたが，それは鉱山町としての発展と，電機産業の集積地としての発展の2つがミックスしたものである。鉱山町としての発展は，山間部から始まった。図7-1の左上の地区である。その後，宮田川上・中流域の山間部では，採鉱場を中心に集団住宅や商業・サービス機能が集中的して立地して生活圏が形成された（図7-3）。

一方，宮田川下流域には精錬場や工場が立地し，市街地域をとりまくように社宅や社員クラブ，病院や劇場などの企業の地域社会が発展した（図7-3）。

日立鉱山の銅産出量は1943年にピークを迎え，第二次世界大戦後は減少して1981年に閉山となった。閉山後は，一部の精錬工場を残しつつも，日立鉱山の従業員は配置換えや他地域への転出などで減少した。社宅や集合住宅など従業員向けの福利厚生施設などは他の用途へ転換されたり，または取り壊され，鉱山の町としての機能は失われていった。

❀ 上野駅から仙台駅までをつなぎ，茨城県内を縦断するJR常磐線は，「常陸」と「磐城（いわき）」の頭文字を合わせた名称である.

❀ 風土記は奈良時代に地方の文化や風土，地勢などを国ごとに記録した当時の「地誌」であり，天皇に献上された.写本として現存するのは，常陸国，播磨国，肥前国，豊後国，出雲国の5冊である.

❀ 大煙突にまつわる地域の物語は，新田次郎の小説『ある町の高い煙突』として描かれている.2019年には映画化もされた.

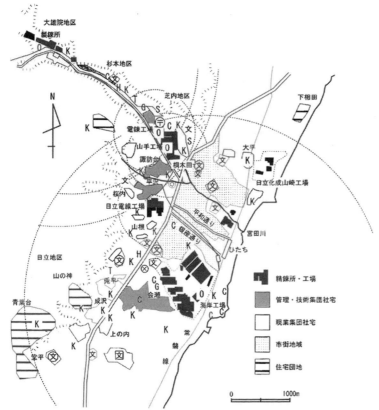

O 鉱山・工場事務所　C 社員クラブ　G グラウンド・球場　K 供給所　T 劇場　H 総合病院　S 世話所
円は事務所・工場の企業地域社会の範囲を示す

図 7-3　日立鉱山の大雄院・芝内・日立地区の地域開発　（出典：岩間（2009）p.24）

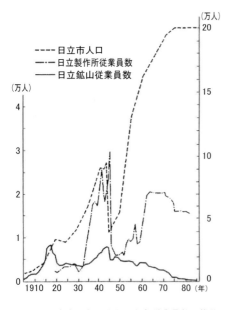

図 7-4　日立市における人口と各従業員数の推移
（寺阪ほか 2003）

4. 電機産業の集積地としての発展

　鉱工業都市の日立を特徴づける電機産業の集積は，日立製作所の発展が大いに寄与している。日立製作所は，久原房之助に誘われて日立鉱山に入社した小平浪平によって 1911 年に設立された。最初の製品は国産初の 5 馬力誘導電動機であり，これを皮切りに電気機関車，発電機など重電と呼ばれる分野で拡充していった。

　戦前の日立製作所は，財閥として隆盛を誇った日産コンツェルンの中核企業として発展，戦後は重電メーカーかつ家電メーカーの雄として日本を代表する総合電機メーカーとなった。2020 年現在，日立製作所は売上高で 9 兆円近く，国内外に多くの拠点をもち，関係会社を含めた日立グループは約 1200 社超で，従業員数は約 30 万人に達している。

　この地域における日立製作所の活動のピークは 1970 年代である。日立市における人口と日立鉱山および日立製作所の従業員数の変化をみると，1930 年代までは日立鉱業が日立市の鉱工業の中心であったが，その後は日立製作所がその地位を代わったことが伺える（図 7-4）。

　最盛期には，市内に日立製作所や関係会社の大規模工場が立ち並び，それらの下請工場も数多く集積していた（図 7-5）。下請企業は主に中小企業であり，2 次下請や 3 次下請では零細企業なども多い。大規模工場を頂点とした，こうした多層的な取引関係によって，日立市は電機産業の集積地として発達し，地域的な生

産体系が形成されて日立製作所の企業城下町としての特
徴が強まった。

5. 企業城下町の黄昏

　日本の電機産業は1990年代以降，国際競争力が低下
し，国内生産は減退，各地の生産拠点の多くは閉鎖さ
れることとなった。日立製作所もグローバル化の波の
なかで国内の生産拠点を再編させている。日立市内に
あった大規模工場も生産量は減少しており，研究開発な
どへの機能変化が進んでいる。町の顔であった日立工
場が三菱との合弁会社の所有となり「Hitachi」の看板が
「Mitsubishi」の看板へ掲げ替えられたことは，日立製作
所の企業城下町として斜陽になっていることを示唆して
いる。

　こうした状況下で，親企業である日立製作所や関係会
社だけでなく，この地の電機産業を支えてきた中小企業
や零細企業も厳しい状況に面している。日立市はこれま
で鉱業の栄枯盛衰を経験してきたが，電機産業は鉱業に
続いての衰退となるのであろうか。日立製作所の下請企
業は各種の協同組合に入っており，単なるビジネスの関
係を超えて相対取引を軸とした長期的な協力関係を築いてきた（表7-1）。それらを
強みとして新たな地域産業の育成に向けた取り組みも一部でみられるようになってい
る。再び次の地域経済を担う主軸産業が出てくるのか，このまま衰退するのかは既存
の集積から新しいイノベーションが生まれるかどうかにかかっている。

図7-5　日立市における主な工場分布（1970年代）
（山口ほか1972）

※
日本の工業の動向
については『人文
地理学』第5章
を参照.

表7-1　日立市および周辺地域の工業組合

組合名	所在地	設立年	組合員数	従業員数〈平均従業員数〉	主要取引先
日立製作所工業協同組合	日立市	1949	37	1,815〈49〉	日立製作所，日立建機 日立エンジニアリングアンドサービス
日立鉄工協同組合	日立市	1951	18	1,092〈61〉	日立オートモティブシステムズ 日立アプライアンス 日立ハイテクノロジーズ 日立カーエンジニアリング
国分協同組合	日立市	1968	17	536〈32〉	日立製作所（電力，インフラ）
久慈鉄工協同組合	日立市	1957	10	425〈42〉	日立製作所（オートモティブ） 日立ハイテクノロジーズ
日製水戸工業協同組合	ひたちなか市	1964	17	539〈32〉	日立製作所（都市開発，交通）
水戸工業協同組合	茨城町	1958	5	353〈71〉	日立オートモティブシステムズ 日立ハイテクノロジーズ

出典：十名（2013）原典は茨城県電機機械工業協同組合連合会の資料による.

（近藤章夫）

44

景観に刻まれた歴史を探る

8　沿岸域をめぐる環境史−神奈川県川崎市川崎区旧大師河原村

1．環境史という視点

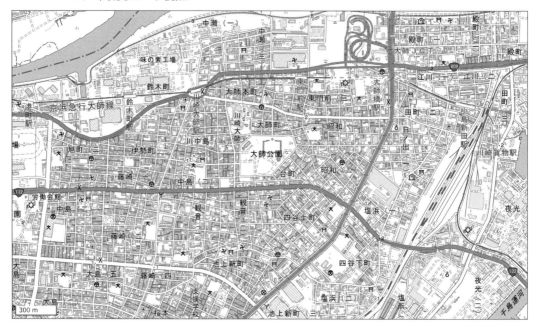

図 8-1　神奈川県川崎市川崎区旧大師河原村付近（地理院地図より）

　　陸地と水域の間にある沿岸域は，環境問題の観点から水陸遷移帯として注目される
だけでなく，人間の活動が開発として自然を改変する最前線として，環境史という観
点からもとらえなおすことができる。例えば新田開発のための干拓であったり，工業
化のための埋立であったり，ウォーターフロントとしての都市開発用地の造成であっ
たりする。ここでは神奈川県川崎市川崎区内の旧大師河原村付近（図 8-1）を事例と
したい。

　　川崎市の臨海部の特徴として，現在は東京大都市圏の郊外住宅地や武蔵小杉のよう
な郊外核の存在としてイメージされることが多くなってきているが，高度経済成長期
は東京と横浜に挟まれた京浜工業地帯の中枢部であった。そもそもは東海道の宿場町
であった。旧大師河原村に限ってみても，初詣客が数多く訪れる，川崎大師があり，
その観光地と京浜間の鉄道駅とを結んだ大師電気鉄道が東日本で初めての電気鉄道と
して開通していた。この地域が明治期以降の近代化の中で現在に至るまで，どのよう
に土地と人や産業そして環境が変化してきたのかを，地誌的観点により紹介したい。

2．東京湾沿岸の多摩川河口部

　　川崎の臨海部は東京湾の沿岸と多摩川河口部の右岸に位置している立地条件が，歴
史的かつ近代以降の産業の立地条件や居住者の特性に大きく影響している。（図 8-2）。

❀
河口部の沖積平野
については，『自
然地理学』6 章で
扱っている．

現在は埋立地が広がる東京湾の沿岸部は，工業化による開発が始まる前までは遠浅の干潟が広がっていた。多摩川の下流部に位置して平坦な沖積平野が広がり，洪水や高潮の危険性はあるものの，江戸地廻り経済を構成する農村景観を形成していた。

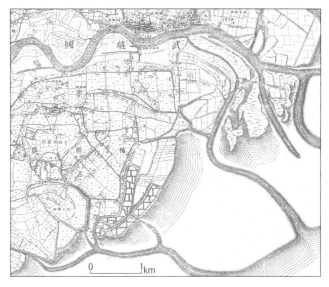

図 8-2　明治時代の多摩川右岸河口部
（2 万分の 1 迅速図「羽田村」1881 年測量，1894 年発行より作成）

3．農業と漁業そして都市民族誌

近世の後半から沿岸部の新田開発が進み，塩田とともに農業的な開発が進められることになる。近代に入ると東京や横浜といった大消費地に近接していることから，イチジクや桃，梨といった果樹産地となった。

もう 1 つの特徴として多摩川からの栄養分が東京湾に流れ込み，河口部の周辺ではノリ養殖が開始されていた。現在では想像もつかないかもしれないが，川崎大師の境内にはノリ養殖の記念碑が建立されている（図 8-3）。1871（明治 4）年に国の許可を得てノリ養殖業は始まったとされ，東京湾におけるノリの主要産地であった。工業化による埋立地の造成とともに川や海の水質汚濁によって廃業を余儀なくされ，漁業権放棄とともに川崎臨海部の漁業は 1970 年代に終焉を迎える。かつてはノリ漁場であった場所にある人工島の東扇島には，ノリ養殖業の名残を留めた記念碑がある。

海苔養殖記功之碑
神奈川県知事従四位勲三等井上孝哉篆額
浅草海苔之名久聞於世而其最佳者出於武蔵国大師河原初
明治四年村民石渡四郎兵衛石川長兵衛川嶋勘左衛門桜井
佐七四人率先企図其採取請之於官得海面二万坪之使用権
三十五年漁業法之実施也併得其漁業権爾後数次所請概被
聴許現時使用区域及十七万四千余坪顧当初採取極少製法
粗雑価格亦低廉一年産額不過一万円於是鋭意図其養殖改
洪植之位置又組織海苔採取営業組合品質益精良販路愈拡
張輓近産額達数十万円昂揚浅草海苔之聲価決非偶然也組
合員凡五百設総代三人世話人若干今茲当操業後十年組合
員等胥謀欲建碑伝之於不朽乞文予予深嘉其有功於殖産乃
叙沿革便概以副其意云
維時大正九年九月言辰
神奈川県内務部長従五位大嶋直撰道弁書
（傍線は筆者）

図 8-3　川崎大師境内の海苔養殖記念碑
（石碑の碑文より）

こうした川崎の立地的特徴は，近代化にともなう工業化や都市化によって大きく変貌していくことになる。まず東京と横浜が鉄道で結ばれると，物資の輸送が便利になり，さらには大都市部に近いにもかかわらず土地利用が粗放的であったことから，川崎駅周辺や多摩川沿岸，さらには東京湾沿岸も工業用地へと転換し，膨大な工場労働者が都市住民として流入した。

出郷者には，沖縄県出身者もおり，後のコリアンタウン地区には朝鮮半島からも労働者が来住した。このように様々な地方出身者が都市住民となる。

4．沿岸域の埋め立てと工業地帯の開発

川崎市は 1924（大正 13）年に市制を施行する。第一次世界大戦から第二次世界大戦に至る戦間期に工業都市として，工業生産額を増加させ，人口も急増していく（図

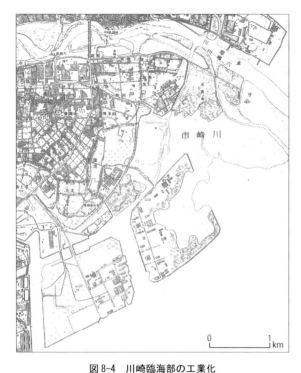

図 8-4　川崎臨海部の工業化
(2.5 万分の 1 地形図「川崎・横浜東部・穴守」1945 年部分修正，1947 年発行より作成)

8-4）。とくに工場が増加したのは臨海部の埋立地である。すでに戦前段階から工場による大気汚染や水質汚濁は工場周辺の地域社会で問題視されており，高度経済成長期に公害問題が全国的に注目される以前から，工場は迷惑施設となっていた。川崎はある意味，大都市周辺の公害発生工場の移転先としての役割を果たしていた。

臨海部の大規模埋立地は住民の居住地域から隔絶されているとともに，新規に土地を用意することができたため，高度経済成長期の臨海コンビナートの主要な立地場所となった。川崎の東京湾沿岸部ではまず製鉄所が建設され，続いて造船所やセメント工場など，大気汚染や騒音・振動などが想定される工場が建設されていった。戦後の高度経済成長期には最後まで川崎市の臨海部に残っていた自然海岸が埋め立てられ，石油化学コンビナートが建設された。こうして川崎の沿岸部はすべて人工海岸へと変容した。

第二次世界大戦期には空襲や疎開の影響によって一時的に人口増加は停滞するが，戦後復興期から高度経済成長期にかけて，人口増加は継続し，戦前から始まっていた内陸部の合併は東京都と横浜市に挟まれる形で北西方向へと拡大し，ついには 1972 年に政令指定都市となり，区制が導入されるまでになった。川崎市の臨海部にある川崎区は工場労働者の街としてのイメージが定着していく。

しかし，川崎市の郊外住宅地としての位置づけは北西部の私鉄沿線に限らず，川崎区においても次第に広まっていく。高度経済成長期が終わると工業の空洞化が進み，一部は埋立地の増設によって生産機能を統合していく場合もあったが，生産拠点の地方や海外への移転によって工場の跡地利用が課題となってきた。駅周辺は再開発事業によって事業所ビルや高層マンションに，市街地からやや離れた工場跡地はショッピングモールや集合住宅に土地利用が転換していった。居住者も工場労働者から通勤労働者へと変容した。

5．環境汚染と地域住民

川崎の工業化によってもたらされたのは，経済成長や人口増加だけではなかった。高度経済成長期に数多くの日本の工業都市がそうであったように，公害問題の発生によって地域住民は居住環境の悪化に悩まされることになった。いくら埋立地が居住地と離れているとはいえ，工場からの排出部による大気汚染や水質汚濁は広範囲に影響

を及ぼす．とくに川崎市の臨海部では工場による大気汚染に加え，首都高速道路や産業道路といった通過交通による自動車からの排気ガスが健康被害の原因となった．

1970年前後に始まった四大公害病の裁判に続くように，1980年代は東京や大阪のような大都市でも工場公害に加えて道路公害をめぐる裁判が提訴された．川崎市もほ

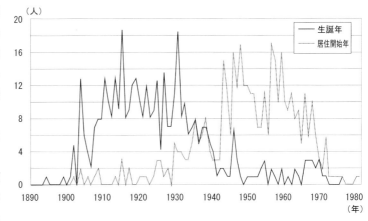

図8-5　川崎公害裁判原告の生誕年と川崎市居住開始年（「川崎公害裁判記録」より）

ぼ同時期に提訴され，最終的には国や道路公団との和解によって，住民側に有利な判決が出された．裁判資料によると原告の多くは第二次世界大戦よりも前に出生しているが，川崎市内の居住開始年は戦後が多く，川崎への来住が公害病に罹患する要因となっていたことがわかる（図8-5）．

戦前の川崎で発生していた公害問題は，工場隣接部の住民からの農漁業をめぐる産業上の不利益によって表出していたが，高度経済成長期の公害問題は川崎区および隣接する幸区のほぼ全域に被害者が広がり，結果的にこの2区は公害病指定地域にも指定された．なお法改正により公害病指定地域は1988年に解除された．

6. 環境再生と主体形成

環境問題が地球規模で注目され，どこに住んでいても環境配慮型の生活が求められるようになってくると，公害問題は過去のものとして忘れ去られ，負の遺産としても触れられることは減っていくかもしれない．川崎の臨海部の工場も公害問題の発生源というよりも，「工場萌え」などと称されるように夜景や工場設備の眺めが観光資源として利用されるようにもなってきた．しかしながら，工業化によって農業や漁業を壊滅させ，数千人も公害病患者を発生させた歴史を，地誌として等閑に付すことは許されないのではないかと考える．

漁業解散の記念碑がある東扇島には，防災拠点という名目で海岸の一部が砂浜化された（図8-6）．かつての海水浴でにぎわっていたような海岸を復原することは無理であったとしても，元農漁業者の話による郷土学習や，公害病患者による健康被害の伝聞は可能である．環境再生が地球全体の課題に置き換えられて空疎化しないように，足元の環境史を沿岸という景観から見直すことができる．

地誌学は地域的特徴や歴史的背景を学ぶだけでなく，地域の課題や変化の実態を知ることで，生活者の知識としても役立つだろう．
　　　　　　　　　　　　　　　　　　（香川雄一）

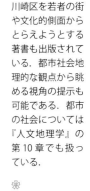

※
川崎区を若者の街や文化的側面からとらえようとする著書も出版されている．都市社会地理的な観点から眺める視角の提示も可能である．都市の社会については『人文地理学』の第10章でも扱っている．

※
川崎市川崎区の歴史を知るためには，川崎市内に市民ミュージアムや神奈川県立川崎図書館がある．現在の都市的な風景からは想像できない地誌も学ぶことができるだろう．

図8-6　環境再生の人工砂浜事業
（2008年撮影）

9　雪と砂泥と共に生きる－青森県津軽平野

1．太宰 治にとっての故郷

　『津軽』は，太宰治の自伝的小説であるとともに，彼の感性を通して津軽地域の自然と人の生活を描いた地誌的作品である。本書の冒頭には「津軽の雪　こな雪　つぶ雪　わた雪　みづ雪　かた雪　ざらめ雪　こほり雪　（東奥年鑑より）」と記されている。なぜ，太宰は初めに雪に言及したのだろうか。夏から晩秋の晴天の下で，りんごがたわわに実る様子は津軽平野の豊かさを象徴する風景である（図9-1）。しかし，りんごの収穫が終われば長い冬がやってくる。太宰にとって，津軽という故郷から想起されるのは，家族へのコンプレックスと暗く厳しい冬だったのかもしれない。

　本章では，東北日本の日本海側に広がる津軽平野およびその周辺を対象として，自然環境の変遷と人々の生業の歴史を学んでみよう。

図 9-1　津軽平野のりんご畑

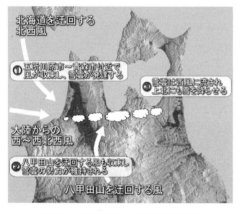

図 9-2　津軽地域における雪雲の発達
（青森地方気象台 HP）

2．雪国での暮らし

　津軽地域は，日本列島の中でも豪雪地帯として知られる。津軽平野における積雪は，日本海側からの北西風および西風と，八甲田山系を迂回した南西風の影響を受けたものである（図9-2）。太宰の生家のある五所川原市付近は雪雲の通り道となっており，積雪量がとりわけ多い。当地では，1〜2月にかけて積もった雪が強い北西風によって巻き上げられ地吹雪が発生する。そこで人々は建物の周りに長い板を立てかけて塀の代わりにした「カッチョ」を設けた。カッチョからは，厳しい冬を耐え忍ぶ人々のたくましさが感じられる。なお，近年では厄介な地吹雪を逆手にとって，「雪国地吹雪体験プログラム」という新たなツーリズムが好評を博している。

3．津軽平野の地形環境

　津軽平野は北東を津軽山地，南東を八甲田火山および十和田火山，南を白神山地，西を岩木山によって限られた東西5〜10km，南北60kmの細長い沖積平野である（図9-3）。臨海部には後期更新世に形成された段丘とそれを覆う屏風山砂丘が発達する。平野へは岩木川をはじめとして，支流の平川・浅瀬石川などが流入している。

　津軽平野には，扇状地域・自然堤防域・三角州（デルタ）域が南部から北部にかけて順に配列し，最北部には海跡湖の十三湖が存在する。津軽平野では，他の平野と

❀
太宰治は1909年，青森県北津軽郡金木村（現在の五所川原市）に生まれた。『津軽』は1944年5月から6月にかけて取材旅行をもとに書かれた。出版は同年11月である。

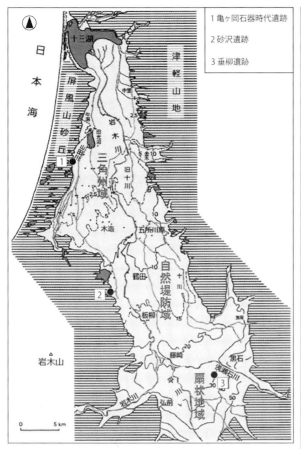

図 9-3　津軽平野の地形と遺跡の分布
（青森県立郷土館 2019 より作成）

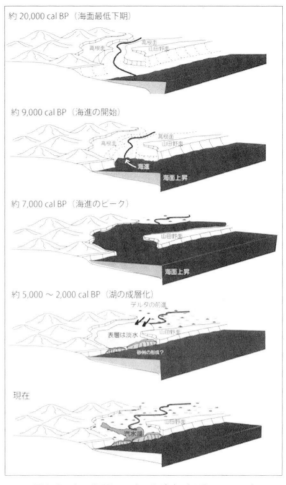

図 9-4　十三湖周辺の地形発達史（小岩ほか 2014）

同じく縄文海進にともなって，内湾が形成された（図 9-4）。約 7000 年前の海進ピーク時には，現在の五所川原市付近までが海域となった。その後，岩木川が上流から運んだ土砂によって，三角州が発達して平野の範囲が拡大した。

　十三湖は，その埋め残しである。十三湖と日本海の間には砂州が形成されているため，湖は汽水からなり，ヤマトシジミの漁場となっている。十三湖産のヤマトシジミは，農林水産省がブランド品として保護する「地理的表示（GI）保護制度」に登録されており，比較的高値で流通している。

4. 東日本に華開いた亀ヶ岡文化

　縄文海進が一段落した3000～2400年前には，屏風山砂丘に覆われた段丘の縁に人々が生活していたことが明らかになっている。亀ヶ岡石器時代遺跡（つがる市木造亀ヶ岡：図 9-3）からは，多数の造形的に優れた漆塗りの土器や漆器，土偶，植物製品，ヒスイ製の玉類などが出土している。とりわけ 1887 年に出土した土偶は，「遮光器土偶」として知られている（図 9-5）。当遺跡は，東日本に広がる亀ヶ岡文化圏の中心地であり，工字文（「工」の字を組み合わせたかたち）という美しい文様を持つ「亀ヶ

※
地理的表示（GI）保護制度については『人文地理学』第 4 章で扱っている.

※
亀ヶ岡石器時代遺跡は，2021 年に「北海道・北東北の縄文遺跡群」の 1 つとして世界遺産に登録された.

図 9-5　遮光器土偶
（ColBase（https://colbase.nich.
go.jp/）より）

図 9-6　サルケ
（五所川原市歴史民俗資料館蔵）

※
稲作は，日本列島
の西側から広まっ
たという通説のも
とで，津軽平野に
おける弥生水田の
発見が考古学会に
認められるまでに
は時間を要した.

岡式土器」の分布圏は，北海道から沖縄にまで至る。そうした考古遺物の分布からは，津軽地域から発信された文化がいかに魅力的であったのかがわかる。

5．弥生水田の発見

　以上のように津軽平野は，縄文時代晩期には文化の発信地であったが，弥生時代に入ると水田稲作が始まる。砂沢遺跡（弘前市三和：図9-3）からは弥生時代前期，垂柳遺跡（南津軽郡田舎館村：図9-3）からは弥生時代中期の水田跡が見つかっている。これらの水田跡は，弥生時代としては本州の最北端に位置している。当地における水田跡の発見は，中国長江流域の比較的温暖な地域で始まったイネの栽培が，高緯度地域でも成功したということを示すという点において画期的であった。

　弥生時代の水田跡は津軽平野の扇状地，もしくは平野と山地・丘陵との境界部から見つかっている。現在，津軽平野における弥生時代の実態を解明すべく遺跡の発掘調査が行われており，縄文時代から弥生時代への移行に関する成果の発表が待たれる。

6．泥炭地に生きる

　津軽平野の三角州への人々の流入過程については不明な点が多い。近年，当地域から複数の平安時代の遺跡が発見されたことから，遅くともこの頃までには土地利用が始まっていたと考えられる。以後，三角州の水田化が進行したが，そこには葦が枯死して堆積した厚い泥炭層が形成されており，効率的な稲作は叶わなかった。この泥炭層は「サルケ」と呼ばれる（図9-6）。稲作には厄介なサルケではあるが，山林から離れた広大な平野に居住する人々は，薪の代わりにそれを燃料として活用した。サルケは，1950年代初めまでは囲炉裏や薪ストーブに用いられていたとのことである。

　三角州地域では，1960年代の土地改良事業によって「腰切田」と呼ばれる強湿田は姿を消したが，その後もしばらくの間，半湿田が多く存在して大型農業機械の導入が遅れた。そして現在,長年の土地改良事業の成果として，見渡す限りの美田が広がっている。

7．なぜ，りんご栽培が盛んなのか

　日本国内における都道府県別りんご生産量（2020年産）は,青森県がトップである。また，青森県内において津軽平野はりんごの主要な生産地となっている。ちなみに，青森県においてりんごの栽培が始まったのは明治期に入ってからであるが，明治45年測図の地形図（1/2.5万「五所川原」「板柳」など）には，果樹園の記号が広域に認められることから，すでにりんご栽培が盛んに行われていたことがわかる。

　ただし，りんごが栽培できる場所は限られている。低湿な土地では，りんごは根

腐れを起こして育たない。上述した
ように，津軽平野は概して低湿であ
るが，現在の岩木川の両岸や，旧河
道沿いには自然堤防の発達が認めら
れる。自然堤防は水はけが良いた
め，水田には不向きであるが，りん
ごの栽培には格好の場となった（図
9-7）。

では，この自然堤防はいつ・ど
のようにできたのであろうか。津軽
平野には全体として網目状を呈する
自然堤防が発達しており，その砂質

図 9-7　岩木川沿いの空中写真（CTO20141：国土地理院 2014 年撮影）
河川沿いの濃いグレーの部分がりんご畑.

堆積物には 915 年の十和田火山の噴火によって生
じた火山噴出物が多く混在していることが知られ
ている。十和田火山は，津軽平野を流れる浅瀬石
川の上流に位置する活火山である。津軽平野の自
然堤防群は，火山噴火後に浅瀬石川などを介して
もたらされたラハール（火山泥流）によって生じ
たものと考えるのが適当である。すなわち，津軽
平野におけるりんご栽培は，915 年十和田火山の
噴火の賜物と言える。ただし，雪の多い津軽平野
のりんごは，剪定作業などに手間をかけることに
よって，ようやく得られる苦労の産物であるとい
うことも忘れてはならない。

図 9-8　三津七湊

8.「裏日本」以前

先に述べたように，津軽平野の最北部には十三湖が位置しており，その出口に発達
する砂州上には 13 世紀から 15 世紀に営まれた湊（港）が存在した。戦国期に成立し
たと考えられる『廻船式目』に記された三津七湊の 1 つで，津軽の豪族である安藤氏
の拠点として栄えた「津軽十三湊」である（図 9-8）。

発掘調査によって，規則正しく配置された道路や溝，大型の礎石建物を持つ館と家
臣・職人の屋敷，町屋などの様子が明らかにされている。また，中国や朝鮮からの輸
入陶磁，能登の珠洲焼き，古瀬戸などの陶磁器類が見つかっており，広域に及ぶ交易
がなされていたことがわかる。日本列島の日本海側は「裏日本」と呼ばれることもあ
るが，船運が盛んな時代には「裏」ではなく，むしろ「表」であったといっても過言
ではない。

十三湖に訪れる機会があれば，かつてそこに日本海の交易ルートの重要拠点があり，
栄華を極めた湊町へ全国から人々が集ったという歴史に思いを馳せてみよう。

（小野映介）

10　石に刻まれた地域らしさ－愛媛県西予市明浜町狩浜地区

1. 景観要素への着目

図 10-1　愛媛県西予市明浜町狩浜地区（2014 年撮影）

図 10-2　西予市明浜町狩浜地区の位置

　図 10-1 は四国南西部に位置する愛媛県西予市の狩浜地区を山側から撮影した写真である（狩浜地区の位置は図 10-2 を参照）。画面の奥にみえる水域は，一見すると湖のようにも思えるが，海（法華津湾）である。この一帯はリアス海岸となっており，狩浜はその湾奥に位置しているため，こうした写真が撮影できる。

　この地区の景観でもっとも目立つのは，集落背後の斜面に広がるみかん畑である。愛媛県の中予から南予にかけての沿岸地方や島嶼部は日本でも有数のみかん産地として知られるが，狩浜地区もその一角を占める。

　ただ，この地区の生業を探ると江戸時代以降，いくつかの変遷・展開を確認することができる。そうした地域の履歴は史料などでも確認できるが，同時に地域の景観の要素のなかに刻み込まれてもいる。地誌学においては，こうした景観要素は地域を読み解く重要な出発点になることも多い。ここでは，狩浜地区の景観要素となっている「石」の多様性に注目しつつ，狩浜地区の特徴を探ってみることにしよう。

※
海岸の地形については『自然地理学』第 5 章・第 6 章・第 12 章で扱っている.

2. 段畑の石積みからみる狩浜の地質

　この地方では，段々畑を「段畑」と呼ぶ。狩浜地区の段畑は石積みで，段畑内の階

段も石で組まれている（図10-3）。

　石積みを丁寧に見ていくと，集落
に近い場所は砂岩の石が多く使わ
れ，標高が高くなると，石灰岩の石
が多く含まれるようになる。この地
域は柑橘の無農薬栽培が盛んで石に
藻類が付着しているため，石本来の
色味はわかりにくいが，農薬利用が
なされる一部の畑地の石積みは「き
れい」であり，そこでは石灰岩の白
い石積みがよくわかる。

　聞き取り調査によると，基本的に
は「その辺りの石」を利用して石積
みが築かれたというので，砂岩の多

図10-3　石積みの段畑（2016年撮影）

い石積みと石灰岩の多い石積みの違いは，そのまま地質の違いということになる。実
は，狩浜地区には四万十帯と秩父帯の境界にあたる仏像構造線が通過している。調査
の結果，この石積みの違いがみられる付近がまさに仏像構造線に当たるということが
わかった。狩浜の属する西予市は「四国西予ジオパーク」として日本ジオパークに認
定されているが，狩浜地区は重要なジオサイトでもある。こうした自然基盤が狩浜を
形成する重要な要素となっていることは間違いない。

❀
内的営力について
は，『自然地理学』
第2章で扱って
いる．

3. 持ち込まれた石材

　一方で，狩浜地区を歩くと地域で産出する石とは明らかに異質の石材が利用されて
いる場合がある。例えば，地区の中心的施設である春日神社の狛犬（図10-4）は花

崗岩製で，碑文をみると広島県尾道の石工山根惣八の手
によるものということがわかる。春日神社にはほかにも
山根惣八の手による玉垣や手水もある。山根は1879年か
ら1882年頃に滞在していたようである。尾道石工は瀬戸
内海各地で活動したことが知られ，少しピンク味を帯び
た花崗岩は彼らの手によって運ばれたものであることも
わかっている。「ピンク石」とも称されるこの花崗岩は，
狩浜地区の墓石の一部でも確認できる。

　また集落内では，家屋の基礎に「宇和島石」と呼ばれ
ている砂岩が使われている例を多く見つけることができ
る（図10-5）。現場合わせの切込み接ぎで作られており，
石工が当地にやってきていたことは確実である。家屋を
みると近代期の建築である場合が多く，基礎に砂岩を利
用するのも近代以降の可能性が高い。付近の宇和島市吉
田町には現在も砂岩が採取されており，こうした地区か

図10-4　春日神社にある花崗岩製の狛犬
（2016年撮影）

図10-5　狩浜地区の家屋の基礎にみえる切込み
　　　　接ぎの石積み（2016年撮影）

図10-6　春日神社にある石柱
（2015年撮影）

ら持ち込まれたとみられる。

　段畑の石積みが地元の石材だけで構成されていることと対比すれば，神社や集落のなかには，他地域の石材や石工が入りこんでいることで，景観にアクセントが生まれている。これもまた狩浜の特徴だろう。

4．活躍する狩浜商人

　春日神社には，狩浜の人たちが外に出て活躍していたことを示す石碑も残されている。それは奉納者が「狩浜商人中」となっている石柱（図10-6）で，1912年（明治45）7月の建立となっている。奉納者は「狩浜商人中」と記され，商人97名と周旋人5名の名前が刻まれている。愛媛県が地域文化を調査した報告書『宇和海と生活文化』（1993）に掲載されている狩浜の行商経験者の話によると，明治末年頃はちょうど狩浜商人が最も増えた時期にあたるという。

　狩浜商人は高知県や宮崎県を中心に行商に出かけ，反物や海産物を売って歩いた。なかでも養蚕と機織りが盛んとなった狩浜で作られた狩浜縞は人気で，養蚕や行商で財をなした家が多かった。そうした家は建て替えの際に宇和島石を基礎に利用した。また，斜面だった畑地には石を積んで段畑にし，そして桑を植えていった。斜面のままだと桑畑に投入した養分が流出するので，それを防ぐためということが理由にある。それに加えて，付近で石材を豊富に確保できたことも大きい。今でも段畑のなかに石灰岩を採った採掘跡が点在している。

　段畑を調査すると，江戸時代にさかのぼる石積みも残されている。ただ，古文書や地図資料からみても，現在の狩浜を特徴づける集落背後に広がる美しい段畑景観は，主に近代の養蚕や行商の盛んだった頃に形成されていったことがうかがえる。狩浜の景観は，こうした外部とのつながりといった視点を抜きにしては語れない。

5．なぜ外に出たのか

　それにしても，なぜ狩浜の人たちは高知や宮崎といった「外」に出ていったのだろうか。そこには地域の生業の転換を余儀なくされる状況があった。

　これまで，斜面の利用にばかり注目してきたが，実は狩浜は農業を主体とする「村」というよりも，漁業を主体とする「浦」だった時期のほうが長い。狩浜の多くの家は数軒の網元の下で網子として漁業に従事してきた。主な対象はイワシである。食用はもちろんだが，江戸時代になると干鰯が肥料として高値で取引されるようになり，狩浜でもイワシ漁が盛んとなった。浜辺は共用の場として，採れたイワシを干す光景が広がっていた。また，リアス海岸で海上まで突き出した半島部の小高い丘の上では魚

見をしたと地域の中で語り継がれており，近く
の島は江戸時代から魚付林として植生の管理が
実施されてきた。そして，狩浜地区に鎮座する
春日神社の秋祭りでは，神輿や牛鬼（愛媛県南
予地方に広く分布）が海上渡御を行うなど，海
の信仰という要素が取り込まれた形態となって
いる（図10-7）。

　しかし，近代になるとイワシの不漁が続くよ
うになり，狩浜の人びとは代わりとなる生業を
探す必要に迫られることになった。魚肥から燐
鉱石（グアノ）などから作る化学肥料へと肥料
自体が転換していく時代背景もそこにはある。
そうした中で，狩浜に広まったのが養蚕であり，
機織りであった。こうして，外貨獲得の主産業
が漁業（干鰯）から，養蚕と行商へと転換する
ことになったのである。

　なお，イワシは戦後の一時期，採れるように
なったが，好漁期は長く続かず，再び不漁期へ
と入り現在に至っている。そのため，今は狩浜

図 10-7　海上渡御のために船に乗り込む「牛鬼」
（2016 年撮影）

でイワシ漁を見ることはできない。その代わり，リアス海岸の穏やかな湾奥を利用し
た養殖業や，法華津湾に入ってくるシラス漁が行われており，沿岸ではシラスを干し
てちりめんにする様子を見ることができる。

6．みかんの里へ

　養蚕の導入は狩浜の景観を大きく変えたが，戦争中はぜいたく品の絹は敬遠された
ことで養蚕は下火となり，段畑の桑はサツマイモや麦へと変化した。そして，戦後に
なると，全国的なみかん生産の増加にあわせ，狩浜でもみかん（温州みかん）栽培が
本格的となっていく。みかん農家によれば，太陽光や海の照り返しに加えて石積みか
らの照り返しのある段畑のおかげで，狩浜のみかんはおいしくなるそうである。そし
て，石灰岩の土壌もまたみかん栽培に適しているという声も聞く。こうした自然環境・
歴史環境がみかん栽培の導入や定着にプラスに働いたことは間違いない。

　イワシ漁，養蚕，そしてみかん栽培と，狩浜地区の生業は大きく展開してきた。そ
れは自然環境と社会が変化するなかで，狩浜の人びとが生きていくためにその都度，
最適な対応を模索してきた証でもある。そして，景観のなかの特徴的な石は，地域の
個性をよく示すものとなっている。もちろん，狩浜を歩くと例えば建物配置や付属小
屋の形態など，生業の履歴をたどれる要素は他にもたくさんある。

　物言わぬ景観要素は，時に雄弁に地域らしさを語っている。そこに耳を傾けられる
かどうかが，地誌学のスキルアップの鍵の 1 つとなるだろう。

（上杉和央）

※
狩浜地区は国の重
要文化的景観に選
定されている．狩
浜地区の集落内に
ある過去の生業を
示す付属屋は，文
化的景観の重要な
構成要素となって
いる．

11　世界遺産を地誌する–石見銀山（島根県大田市）

1. 世界文化遺産のいま

　国際連合教育科学文化機関（ユネスコ：UNESCO）が 1972 年の総会で採択した世界遺産条約は，2021 年の世界遺産委員会の時点で 194 カ国が批准する大規模な国際条約となっている。この条約で定められたのが世界遺産で，毎年開催される世界遺産委員会において，人類が共有すべき「顕著な普遍的価値」を持つ不動産として認められれば世界遺産リストに記載される。世界遺産には文化遺産，自然遺産，複合遺産があるが，2021 年時点で記載されている 1154 件のうち 897 件が世界文化遺産となっている。

　当初の世界文化遺産は，「世界史」や「地球史」の教科書に載るものといったニュアンスを有していた。しかし多様性の理解が進み，近年は地域や民族の個性を示す文化遺産も人類共通の遺産であるととらえられ，世界遺産に登録されるようになった。こうした点において，世界遺産は地域の個性を把握しようとする地誌の試みとも通じる部分がでてくる。

❀
第 15 章の事例地
も世界文化遺産で
ある.

　日本は 1992 年に世界遺産条約に批准し，2021 年時点で国内に 25 件（文化遺産 20，自然遺産 5）の世界遺産を有している。世界文化遺産のなかには「姫路城」（1993 年登録）のように 1 カ所の遺産で世界遺産リストに記載される単一型や，「琉球王国のグスク及び関連遺産群」（2000 年登録）のように離れた場所にあるいくつかの遺産をまとめて記載するシリアル型，そして「石見銀山遺跡とその文化的景観」（2007 年登録）のように広域の範囲を記載するエリア型といったように，いくつかのパターンがある。

いずれのパターンの世界遺産も地域の特性を調査する際のきっかけとなるが，とくにエリア型は地誌的な見方を当てはめやすい。

2. 石見銀山の自然と歴史

　ここでは島根県大田市に位置する石見銀山地域を扱いたい。石見銀山は島根県大田市に位置し，日本海岸から直線距離で 5 〜 6 km ほど入った山間地にあ

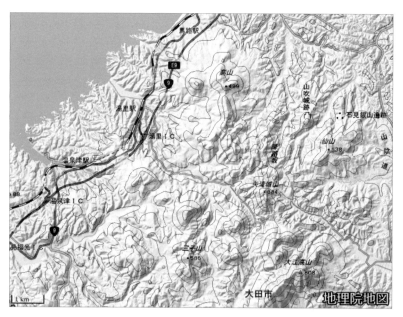

図 11-1　石見銀山と位置（地理院地図をもとに作成）

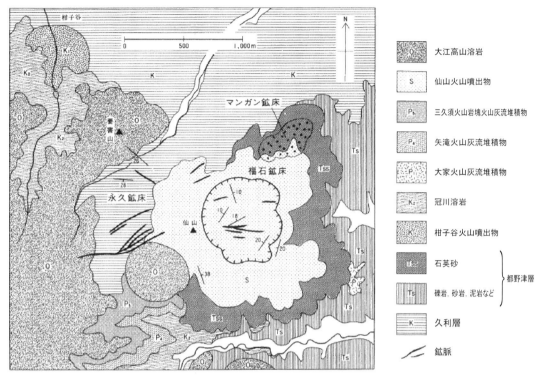

図 11-2　大森鉱山周辺の地質図と鉱床分布図（鹿野ほか 2001）

る（図 11-1）。石見銀山
の鉱床は，銀産出の最盛
期を担った福石鉱床と銀
や銅を産出する永久鉱床
に大きく分けられるが，
そのうち福石鉱床は 170
万〜180 万年前に噴出し
た仙山火山噴出物のなか
に地下からの熱水が入り
込んで形成されたものと
されている（図 11-2）（鹿
野ほか 2001）。

　伝承によれば銀鉱床の
発見は 1309 年で，銀山
として本格的な経営がは
じめられたのは 1527 年
となる。以後，石見銀山

図 11-3　オルテリウス地図帳『世界の舞台』所収のテイセラ作「日本図」（1595 年）
（国際日本文化研究センター蔵）
石見（Hivami）の北の山地に囲まれた場所に銀鉱山を示すラテン語「Aragenti
fodinae」が記載される.

は 1923 年までのおよそ 400 年にわたって経営された。戦国期には大内・尼子・毛利
といった中国地方の有力戦国大名たちによる銀山支配をもくろんだ領地争いがおこな

われ，中国との貿易に銀を利用していった。また当時，ポルトガル商人が石見銀山を
はじめとした日本の銀を世界に流通させていった。

　図11-3 は 1595 年にヨーロッパで刊行された地図帳（オルテリウス『世界の舞台』）
に収載されたテイセラ作「日本図」である。基本的には国名や島名などの情報だけが
表現されるにすぎないが，石見国付近には山に囲まれた銀鉱山が表現されている。16
世紀後半には世界で流通していた銀のうち，少なくとも 10 ％は石見銀山で産出され
たものだったと推計されている。資源の偏在という条件下において，石見銀山は銀を
介して世界と結ばれていたことになる。

　江戸時代になると，幕府は石見銀山の直接経営に乗り出し，銀山やその周辺を直轄
地とした。1838 年に完成した天保国絵図「石見国」（国立公文書館ウェブサイトで画
像閲覧可能）に表現された石見銀山周辺をみると，石見銀山周辺にはいくもの番所
が配置され，銀の移動が徹底的に管理されていたことがうかがえる。石見国全体でも約 30 ％が幕府領となり，石見銀山の大森町に代官所を置いて支配中心とした。

　明治以降に近代的な採掘技術が導入され，再開発がなされていったが，次第に採掘条件が悪化し，1923 年に閉山した。

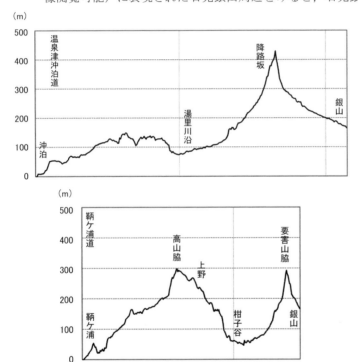

図 11-4　温泉津沖泊道と鞆ケ浦道の行程断面図（地理院地図をもとに作成）

3．山と海を結ぶ道

　世界遺産の資産となっているのは，銀鉱山のある銀山地区と鉱山町となった大森地区，中世の移出港として利用されていた鞆ケ浦，温泉津沖泊の 2
つの港，鉱山と港を結ぶ 2 つの街道で，鉱山から港までが一体となる形で良好に保存
されている点が特徴となっている。

　2 つの街道のうち，温泉津沖泊道は 10 km を超えるが，険しい峠は 1 カ所となる。
一方，鞆ケ浦道は鉱山から港までの距離が短いものの険しい峠を 2 回超える必要があ
る（図 11-4）。

　こうした街道は銀の運搬だけに使われたわけではない。鞆ケ浦道の途中にある上野
集落では，戦後まで鞆ケ浦から魚の行商がきており，自動車道が整備されるまで，山
と海を結ぶ重要な交通路であった。銀の運搬道というのは中世の一時期の姿でしかな

く，むしろ地域間道路としての
特徴のほうが長期にわたって認
められる特徴だということにな
る。

4．地域づくり

　大森地区は，近世・近代の代
官所跡や郷宿，武家屋敷，商家
などをはじめとして，石見地方
で生産される「石州瓦」を屋根
材に利用した家屋が並ぶ美しい
町並みとなっている（図11-5）。
世界遺産リストに記載される20
年前の1987年，大森地区は重要
伝統的建造物群保存地区に選定
された。選定には大森地区の住
民による文化財保存活動が大き
な役割を果たした。これまでに
200軒以上の建物で修理・修景
の工事がおこなわれ，鉱山町と

図11-5　大森地区の町並み（2012年撮影）

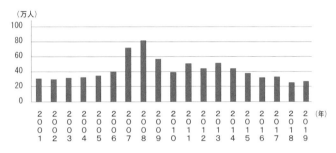

図11-6　石見銀山の入込客延べ数（「島根県観光動態調査」より作成）

しての歴史的景観の維持が図られている。世界遺産となった2007年には「歴史と遺跡，
そして自然を守ります」「安心して暮らせる住みよいまちにします」「おだやかさと賑
わいを両立させます」という3カ条からなる「石見銀山大森町住民憲章」を制定して，
目指すべき地域像が共有され，実行に移されている。

　また，世界遺産の登録にあたって，森林や土壌の環境が破壊されることの多い鉱山
にあって，石見銀山遺跡は鉱山跡に森林環境が回復しており，自然との共生がはから
れた鉱山であることが評価された。そのこともあり，登録後の地域づくりで重視され
たのが，自然環境や生活環境の保護であった。とりわけ山間地の狭い地域に多くの観
光客が自動車で訪れることによる環境悪化は大きな課題とされた。そこで，世界遺産
の価値を伝えるためのガイド施設（石見銀山世界遺産センター）に駐車場を設け，鉱
山遺跡や伝建地区への自家用車の流入を禁止した。そして，観光客は駐車場からシャ
トルバスで世界遺産にむかうパークアンドライド方式を導入することで，持続可能な
地域づくりが目指されている。

　世界遺産リストへの記載から15年以上を経た現在，一時期の爆発的な観光客の増
加は収まりをみせ，落ち着きを取り戻した（図11-6）。一方で，大森地区を含めた世
界遺産の構成資産の各地区では人口減少の傾向が続いている。世界遺産という類まれ
な価値が認められている地域にあって，その価値を地域づくりに活用していくかが，
これまで以上に課題になってくるだろう。

（上杉和央）

※
環境問題について
は『人文地理学』
第13章を参照の
こと．

※
生活場所の観光地
化をめぐる問題に
ついては『人文地
理学』第8章を
参照のこと．

自然災害が多発する地域の理解

12　火山と共に生きる人々 – 有珠山周辺，北海道

1．湿潤変動帯に暮らすということ

　日本列島の大半は「湿潤変動帯」に位置する。湿潤変動帯とは降水量が多く，また地震や火山活動が多発する地域のことである。したがって，そこに住む人々は「自然災害」に巻き込まれることもある（図12-1）。ここでは火山災害を取り上げ，火山と共に生きる人々について述べたい。

図12-1　2000年の有珠山噴火
（アジア航測（株）撮影）

　日本には現在111の活火山が存在し，その周辺で生活を送る人々も多い。火山災害はバラエティに富み，様々なかたちで人々の生活を脅かす。その一方で，火山は恩恵をもたらすこともある。温泉は，地下水がマグマなど地下の熱で温められたもので，活動的な火山の周辺には有名な温泉（草津温泉，別府温泉など）がある。また，火山灰が降り積もることにより，水はけが良い土壌が発達し，そこに肥料を施すことによって野菜などの栽培に適した畑地となる（例えば群馬県嬬恋村のキャベツ畑）。

　日本列島のなかでも北海道南西部には多くの活火山が存在しており，雄大な景観が広がっている。本章では，これまでに活発な噴火を繰り返してきた，そして今後も噴火が想定されている有珠山周辺における人々の暮らしに言及する。

2．有珠山の噴火史

　有珠山は2万～1万年前に主に玄武岩質のマグマを噴出し，成層火山体を形成したとされる。また，8000～7000年前には山体崩壊（善光寺岩屑なだれ）が生じ，その堆積物は内浦（噴火）湾にまで達した（図12-2）。その後，7000～8000年間の休止期間を経て，1663年にデイサイト～流紋岩質のマグマをともなう爆発的噴火を生じるとともに，溶岩ドームを形成した。その後は，比較的短期間で噴火を繰り返すようになる（表12-1）。有珠山では，大量の火山灰などを放出する爆発的な「プリニー式噴火」を生じ，火砕サージや火砕流が発生するとともにドームが形成される場合が多い。ただし，同じプリニー式噴火でもテフラ（火山灰）の噴出量には差が認められる。また，1910年，1943～45年，2000年にはプリニー式噴火は生じず，水蒸気爆発やマグマ水蒸気爆発を起こしている（図12-3）。

図12-2　有珠山周辺の地形

洞爺湖
洞爺湖温泉
昭和新山
有珠山
内浦（噴火）湾
伊達市
0　2km

※
火山と火山災害については『自然地理学』第3章と第13章を参照のこと.

　さらに，噴火の場所に注目すると1910年，1943～1945年，2000年の噴火では，山頂ではなく山麓で生じた。以上のように，有珠山では様式や規模，火口の場所（図

表 12-1　歴史時代における有珠山の噴火史

噴火年	間隔	前兆地震	活動内容	場所	テフラ堆積（km²）
1663	数千年	3 日間	プリニー式，火砕サージ	山頂	2.5
1769	106	不明	プリニー式，火砕流，ドーム	山頂	0.11
1822	53	3 日間	プリニー式，火砕流，ドーム	山頂	0.28
1853	31	10 日間	プリニー式，火砕流，ドーム	山頂	0.35
1910	57	6 日間	水蒸気爆発，ドーム	山麓（北）	0.003
1943-45	33	6 カ月間	水蒸気爆発／マグマ水蒸気爆発，火砕サージ，ドーム	山麓（東）	0.001
1977-78	32	32 時間	プリニー式，水蒸気爆発／マグマ水蒸気爆発，ドーム	山頂	0.09
2000	22	4 日間	マグマ水蒸気爆発／水蒸気爆発，ドーム	山麓（北西）	< 0.001

（東宮ほか 2009 より作成）

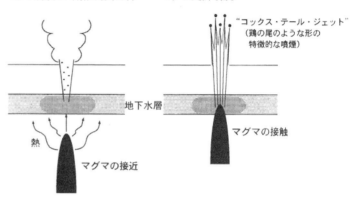

図 12-3　水蒸気爆発の種類（日本地震学会 2020）

12-4）が異なるかたちで噴火が生じてきたことがわかる。

　噴火による人的被害についてみると，1663 年の噴火では降灰で家屋が焼失，5 名の犠牲者が出ている。もっとも人的被害が大きかったのが 1822 年の噴火で，火砕流によって麓の集落が全焼し，82 名の犠牲者と多数の負傷者が生じた。1910 年では熱泥流で 1 名，1943 〜 1945 年には降灰による窒息で幼児 1 名が犠牲になっている。また，1977 〜 1978 年にはラハールによって，行方不明を含む犠牲者 3 名が生じた。

　このように，有珠山の噴火では犠牲者を出しつつも，火山噴火の規模に対して数は少ない。これは，前兆地震を受けて周辺住民が事前避難を行っていたからである。例えば 2000 年の噴火では，3 月 31 日の噴火前，3 月 29 日午後には避難勧告が，夕刻 6

図 12-4　有珠山周辺の地形（有珠山火山防災協議会 2021 の一部）

時半には洞爺湖温泉全域に避難指示が発令され，その後も避難指示地域が拡大され，噴火時にはすでに避難を完了していた。この迅速な避難の根拠となったのは，事前に出された「緊急火山情報」であった。有珠山の研究の蓄積がなされていたことにより，噴火の兆候を見逃さなかったこと，当地において防災教育が浸透していたことが，災害から命を守ることになった。

3. 火山と共にある人々の暮らし

　有珠山から内浦湾周辺における人々の暮らしは，縄文時代早期もしくは前期にまで遡ることができる。北黄金貝塚ではハマグリ，カキ，ホタテなどの貝類や，マグロ，ヒラメなどの魚骨のほか，オットセイ，クジラなどの海獣類の骨も多く出土しており，漁労を中心とした生業が行われていた。その後，アイヌの人々の暮らしが続いた。本州から来た和人との交易が盛んになると，「有珠会所」という交易のための施設が作られ，オットセイの皮や昆布，干し魚と交換に米や酒，漆器や金属器を手に入れていた。アイヌの人々は，有珠山や北海道駒ケ岳の噴火によって，度々，生業の地が火山灰に埋もれて打撃を受けたことがわかっている。

　明治時代に入ると仙台藩の亘理伊達家，柴田家が移住して開拓を行った。1871（明治4）年，新政府による廃藩置県にともない，伊達家は有珠郡など支配していた領地を引き渡すよう命じられる。しかし，その後も開拓は続き，テンサイの栽培に成功するとともに1880（明治13）年には官立の製糖工場が作られた。

　現在，伊達市ではトマト，長ネギ，キャベツ，カリフラワー，メロンなどの栽培が盛んに行われている。冷涼な北海道にあって，当地は比較的温暖であり，土壌にも恵まれている。一般的なリン酸吸収係数の高い不毛な火山灰土壌とは異なり，有珠山周辺には生産力の高い火山灰土壌が分布している。この火山灰土壌は窒素，リン酸保持力，イオン交換容量などは沖積土と同様であり，適度の養肥分があり，塩基飽和度が高く，石灰，苦土等の交換性塩基が豊富で，土壌は中性に近い長所がある。これらの性質が当地方の農業を支えている。

　また，漁業も盛んである。8000〜7000年前に山体崩壊によって生じた，入り組んだ入り江が魚の絶好のすみかとなっており，この岩礁を中心として前浜漁業が行われている。ヒラメ・カレイ・カスベ・ニシン・アイナメ・カジカ・ホッケのほかに，コンブ・ワカメ・スジメ・ノリ・フノリ・イガイ・アワビ・ツブ・ウニ・ホッキ・アサリなどが特産品となっている。

　洞爺湖温泉についても触れておこう。洞爺湖は，約11万年前の噴火にともなって形成された巨大なカルデラ湖である（図12-5）。なお，約5万年前の火山活動で形成された中央火口丘は「中島」として洞爺湖の中央部に残っている。

　その洞爺湖の南岸に位置する洞爺湖温泉は有珠山の活動と関連しており，天然湧出泉としては誕生の経緯がはっきりしている極めて珍しい温泉である。1910年の噴火にともなう地盤の隆起活動中に付近

側注1
※ 当地の縄文人は8000〜7000年前の有珠山噴火を経験しているはずである。当時の人々がどのような影響を被ったのかは，今後の調査・研究によって明らかになるであろう。

※ 伊達産トマトは，おいしさと高い信頼・実績から，ファストフードチェーンのモスバーガーでも使用されている。

※ 土壌については『自然地理学』第4章を参照のこと。

図12-5　2000年の噴火で形成された有珠山金毘羅火口群から洞爺湖温泉を望む（洞爺湖有珠山ジオパークHP）

の湖水温度が 24℃ を示した場所があり，活動終了後には西丸山北麓の湖水で 42℃ の温泉の湧出を発見したという記録がある。1917 年に温泉宿が開業され，洞爺湖温泉が開湯された。その後，日露戦争の傷病兵の保養地に指定され，全国的に知られるようになり，旅館，みやげ店などが建ち並ぶ現在の温泉街の原形が形成された。歴史の浅い洞爺湖温泉は，その後 3 度の有珠山噴火を経験して現在に至る。

4. 次の噴火に備えて

　2009 年，火山噴火予知連絡会によって「今後 100 年程度の中長期的な噴火の可能性及び社会的影響を踏まえ，火山防災のために監視・観測体制の充実等の必要がある火山」として有珠山は他の 46 火山と共に選定された。これを受けて，気象庁は噴火の前兆をとらえて噴火警報等を適切に発表するために，地震計，傾斜計，空振計，GNSS観測装置，監視カメラ等の観測施設を整備し，関係機関からのデータ提供も受け，火山活動を 24 時間体制で常時観測・監視している（図 12-6）。また2021 年，伊達市は洞爺湖周辺の 4 市町（洞爺湖町・壮瞥町・豊浦町）と共同で「有珠山火山防災マップ」を発行した（図 12-7）。

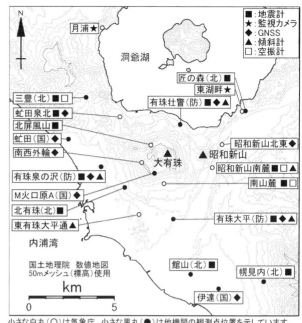

図 12-6　有珠山の観測体制（気象庁 HP）

小さな白丸（○）は気象庁，小さな黒丸（●）は他機関の観測点位置を示しています。
（国）：国土地理院，（北）：北海道大学，（防）：国立研究開発法人防災科学技術研究所

図 12-7　有珠山のハザードマップ（有珠山火山防災協議会 2021 の一部）

　有珠山は，前兆から噴火までが比較的「素直」な火山とされている。周辺に暮らす人々は，これまでの教訓を忘れずに火山と共に暮らし続けてほしい。

（小野映介）

13　「島」を考える－沖縄県北大東村

1.「島」という視点

　日本は島国であり，大陸とは異なる「島」の暮らしが日本の特徴の１つとなる。ただ一口に「島」と言っても，その特徴は実に多様であり，世界の島のなかで７番目に広い面積を持つ本州と，１時間もかからず一周できてしまう島とでは，暮らしの中で感じる「島」意識はずいぶんと違う。また，瀬戸内海の島と太平洋や日本海に面した島，もしくは北の島と南の島といったような違いによっても変わってくる。このようにみれば，日本の特徴を知るだけでなく，日本地誌の多様性を考えるにあたっても，「島」という視点は１つのきっかけを与えるくれることがわかる。地理学で「島」に焦点を絞った著作が編まれてきたのも，こうした点を反映している（平岡編 2003・2005・2007・2010；平岡・須山・宮内編 2014；平岡監修 2018 など）。

　ここで取り上げる北大東島も，地理的な特徴を持つ島である。と言っても，その場所を知らない人も多いだろう。沖縄県最東端の島と言えばわかるだろうか。それでも難しいかもしれない。沖縄と言えば，九州から台湾にかけて連なる弧状列島のうち，奄美諸島よりも南西に位置する沖縄諸島，先島諸島の一帯だとイメージされることが一般的である。しかし北大東島は弧状列島から 360 km ほど東に位置する（図 13-1）。北大東島の約 8 km 南には南大東島，約 160 km 南には沖大東島（ラサ島）があり，3 島を合わせて大東諸島と呼ばれている。行政区分でみると南大東島が南大東村，北大東島と沖大東島が北大東村となるが，沖大東島は無人島で，北大東村民の暮らしの場は北大東島である。北大東島の面積は南大東島のおよそ 3 分の 1 の大きさの 11.9 km² で，2022 年 2 月現在 294 世帯 560 人が住む。

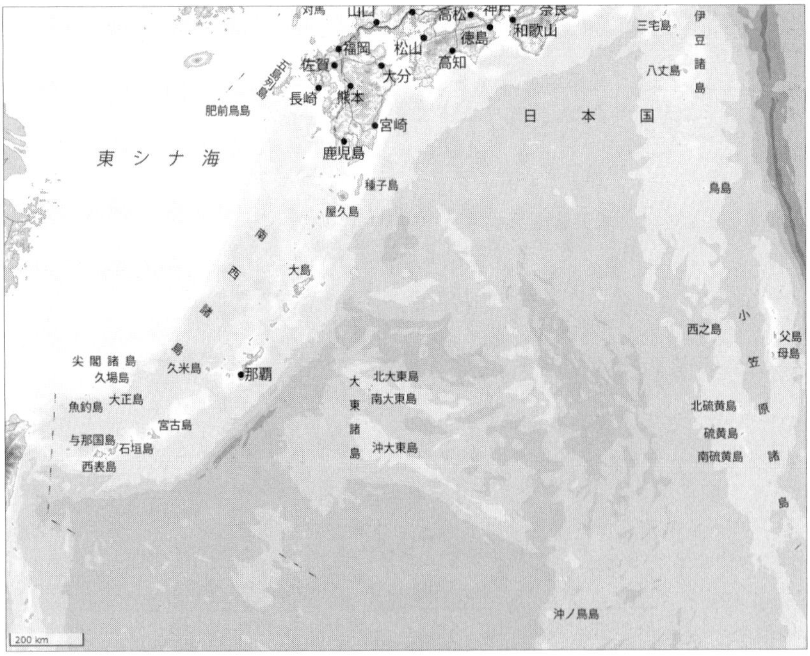

※
弧状列島は花綵（かさい）列島と表現されることもある.

図 13-1　北大東島の位置（地理院地図をもとに作成）

2. 伝承に由来する島の名前

　沖縄では理想郷ニライカナイにまつわる信仰がある。ニライカナイははるか東方の

海上にあるともされ，「うふあがりじま」という呼び方もされた。沖縄方言では「う
ふ＝大」「あがり＝東」となる。1885年，この伝承にふさわしい位置にあった3つの
島のうち，北の2つの島が日本の領土（沖縄県に帰属）として組み入れられること
になり，それぞれ北大東島，南大東島と名付けられることになった（沖大東島の帰属
は1900年）。この時期の日本では，羽毛採取を目的としたアホウドリ捕獲やサトウキ
ビのプランテーション栽培を目的とした南洋の島々への投機的な開拓が実施されてお
り，南北大東島もこうしたなかで帰属の明確化がはかられたわけである。

　信仰のなかにあった「うふあがりじま」の名前を継承したとはいえ，柳田國男（1950，
192頁）が「自然の条件は楽土と言うには遠かった」と表現したように，沖縄本島か
ら360 kmほど離れた太平洋上にあって，人間が生活を送るための自然条件としては
厳しく，沖縄県に所属するようになっても，すぐに開拓されることはなかった。島の
周囲は崖状で上陸が容易でなかったのに加え，島の面積も小さく水や食料の確保に苦
慮したからである。北大東島の場合，本格的な農地開拓が開始されたのは南大東島の
開拓が一段落した1910年になってからだった。

3．島の自然環境

　北大東島の自然環境を確認しよう。北大東島は南大東島とともに大東海嶺と呼ばれ
る海嶺の一部に位置する。大東海嶺は5000〜4800万年前に現在よりも南東の海域で
誕生した。大東海嶺はフィリピン海プレートの運動によって移動しており，現在も1
年に約7 cmずつ西に動いている。島ができて以降，一度も大陸と接続したことがな
いという点では，日本の「島」のなかで珍しい地史を持つ。

　北大東島は隆起サンゴ礁の島で，サンゴ礁が沈降と隆起を繰り返すなかで形成され
てきた（図13-2）。サンゴ礁に由来する石灰岩は化学作用を受けてドロマイトに変化
しており，1934年と1936年に東北帝国大学が実施した学術ボーリングで，約100 m
の深さまでがほぼ完全に
ドロマイト化しているこ
とが確認されている。

　島の内陸部には隆起サ
ンゴ礁に由来する環状の
岩稜があり，島では「幕」
（マクもしくはハグ）と
呼ばれている。南側の幕
（長幕）の崖壁面とその
脚部の崖錐地帯には開拓
前の自然植生が残されて
いることから国の天然記
念物に指定されている。
開拓前から生息する唯一
の哺乳類であるダイトウ

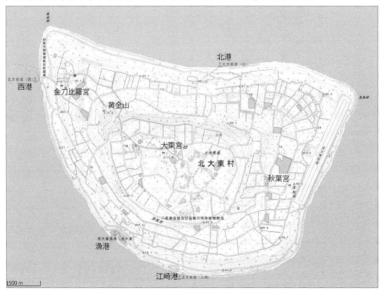

図13-2　隆起サンゴ礁に由来する北大東島の地形図（地理院地図をもとに作成）

※
プレートの移動に
ついては『自然地
理学』第2章で
扱っている．

オオコウモリも同じく国の天然記念物に指定されているが，植生の変化に伴うエサの減少などにより生息数は激減している。

※
近代以降，燐鉱石
は化学肥料の原料
として重宝され，
世界各地で燐鉱山
開発が盛んとなっ
た。

　島の最高地点は北西部の幕に位置する黄金山（こがねやま）だが，そこから北西部一帯にはかつて，カルスト地形の大小のくぼみに入り込む形で燐鉱石が存在した。島の形成過程のなかで北西部のみが海上に出ていた時期があり，そこに生息した海鳥などの糞が化石化したグアノだという説がある。島への入植と開拓が本格的に始まった後，燐鉱石採掘と製糖業を担う民間企業が島の産業のみならず，島の生活のあらゆる側面を統括した。島に村制が敷かれたのは，1946 年になってからだった。

4．小さな島の 5 つの港

　現在，北大東島には 5 つの港がある。1 つは北大東空港であり，現在は那覇－南大東－北大東を結ぶ三角形状の航路が 1 日 1 便ある。

　その他の 4 つは船舶用の港湾である。このうちもっとも早くから整備されているのは，島の西側に位置する西港である。燐鉱山の近くに位置し，燐鉱石の移出に便利だったこともあるが，島では東寄りの風が卓越する時期が多く（表 13-1），風下となる島の西側がもっとも港湾設置に向いていたということも大きな要因である。

　ただ，気象条件や海の状況によっては，西港を利用できない場合も多い。そのため，島の周囲に船着き場が整備された。昭和初期と考えられる「北大東島全図」（北大東村所蔵）には西港を含めて 6 カ所の船着き場が確認できる。このうち，現在も利用されているのが西港のほか，島の北側に整備された北港と南側に整備された江崎港である。冬場の北寄りの風が卓越する時期は，江崎港が利用される。また夏場の南寄りの風の卓越する一時期は，北港が主に利用されることになる。

　ただし，これら 3 つの船着き場で船が接岸している姿を見ることはない。太平洋に面しているため波が荒く，隆起サンゴ礁の切り立った断崖に接岸することは危険である。那覇からの定期船「だいとう」は岸から離れて停泊し，人の乗下船や荷役はすべてクレーンを使って行われる。

　漁船も接岸することはなく，使うたびにクレーンで岸に上げていた。そのため，豊かな漁業資源に恵まれた環境にありながらも，2 t 未満の漁船でしか操業できず，また自由な出入港もできない状況が続いていた。こうした状況が改善するため島の南側に掘り込み式の人工港湾の整備が計画され，2019 年に開港した。これが 4 つめの港である。水産加工施設などの整備なども進められており，近年，漁業の環境は大きく改善している。

　なお，掘り込み式の港には「だいとう」のような大型船舶の入港はできない。また飛行機を利用した物資輸送には限界がある。そのため，西港をはじめとする 3 つの港

表 13-1　北大東島の月ごとの最多風向と平均風速

	1 月	2 月	3 月	4 月	5 月	6 月	7 月	8 月	9 月	10 月	11 月	12 月
最多風向	北	北	北	東	東	南南西	南	東南東	東	北東	東北東	北
平均風速（m/s）	5.5	5.4	5.4	5.1	4.5	4.6	4.6	5.3	5.3	6.1	6	6.2

アメダス観測所（北大東）の 2003 年～ 2020 年の平均値。

を利用したクレーンによる乗下船や荷役は，北大東の暮らしの根幹を支える風景としてこれからも続いていく。

5．島のチャンプルー文化

　北大東島は，確かに沖縄県に含まれるが，生活文化は沖縄本島や先島諸島などとは大きく違う。開拓時代に八丈島から訪れて燐鉱山や製糖事業を経営した者たちと，沖縄から労働者として移り住んだ者たちによって持ち込まれた文化を基層とする。その多くは両者が混交した形で継承されており，大東文化は沖縄方言で「混ぜる」を意味する「チャンプルー」で形容されることもある。

　たとえば「大東太鼓」（図13-3）は八丈太鼓に起源をもつもので，当初は主に八丈出身者の間で受け継がれてきた。他の沖縄の島々ではあまりみかけない，いわゆる和太鼓を用いるのが特徴となっている。現在は北大東島の子どもたちの間に受け継がれ，さらにプロの和太鼓奏者の指導なども加わることによって，より洗練された島独自の芸能文化になっている。

　清明祭（シーミー）や海神祭（ウンジャミ）といった琉球文化にもとづく民俗行事がある一方で，大東宮（元・天照皇大神宮）や金刀比羅宮，秋葉宮といった本土系の神社があることも特徴である（図13-4）。これらの神社の例祭では相撲奉納が行われるが，江戸相撲と琉球角力の両方のスタイルが奉納される。

　島の近海でとれるマグロとサワラを使った大東寿司も八丈島の島寿司の文化がもたらされたもので，ネタを醤油漬けにして握るスタイルである。八丈島の島寿司を食したことがないので違いはよくわからないが，八丈島では練り辛子を使うのに対して，北大東ではワサビを使うといった違いがあるようだ。島で大東寿司や魚料理を食べられるかどうかは，海の状況に左右されるので，食べられたときはラッキーだ。

　北大東島に限らず，「島」の文化は多様な交流のなかで展開する。北大東島の場合，そうした交流がいまだ約100年の軌跡しか刻まれておらず，日本の他の「島」と比べると短い。それがゆえに，起源や由来，そして変遷などが比較的よくわかる。異なる文化がいかにチャンプルーされ，独自の文化として展開していくのかを理解するフィールドとしても，北大東島は貴重である。

❈
八丈島は伊豆諸島の火山島の１つで，四国南端付近とほぼ同じ緯度に位置する．行政区画は東京都に含まれる．

図13-3　大東太鼓の演奏（2022年2月27日撮影）

図13-4　大東宮（2015年5月17日撮影）

（上杉和央）

14　河川と共に生きる人々−ナイル川

1．人々を魅了する河川

　古代ギリシャの歴史家であり地理学者でもあるヘロドトスが著書『歴史』に，「エ
ジプトの地域は，いわば（ナイル）河の賜物^{たまもの}ともいうべきもの」と記したことは，あ
まりにも有名である。地中海の対岸のエジプトを悠々と流れるナイル川（河）は，ギ
リシャ人にもローマ人にとっても特別な場所であった。西暦79年にヴェスビオ山の
噴火によって壊滅した都市，ポンペイの邸宅からは様々な動物たちが集う豊かなナイ
ル川の風景が描かれた壁画が出土している（図14-1）。ナイル川をモチーフとした壁
画は，他の邸宅からも見つかっている。

　また，ローマ皇帝ハドリアヌスは，寵愛^{ちょうあい}したアンティノウスがナイル川で溺死し
たことを悲しみ，「恋人」の記憶を永遠に封じるべく，ヴィッラ・アドリアーナ（Villa
Adriana）に悲劇の地を想起させるエジプトの運河・港「カノプス」を写し取った。
その池に岸辺に佇むワニの彫像はナイル川の象徴である。アンティノウスの死因には
諸説あるようだが，ナイル川は「死」と親和性がありそうだ。アガサ・クリスティの
名作『ナイルに死す（Death on The Nile）』では，ナイル川を遡る観光船や岸辺の遺跡
を舞台に名探偵エルキュール・ポアロが怪事件に挑む。どこかミステリアスな雰囲気
を醸し出すナイル川流域の景観は，ストーリーに彩を与えている。

　本章ではナイル川を対象として，河川と人がいかに付き合ってきたのか，また河川
と人の関係をめぐる現代的課題について述べてみたい。

　※
ナイル川（河）の
重要性について
は，ヘロドトス以
前にヘカタイオス
が言及していると
される．

図14-1　ナイル川風景　ポンペイ「ファウヌスの家」出土　（ナポリ国立考古学博物館蔵）

(c)Alamy Stock Photo/amanaimages

2．バオバブからアフリカ大陸の成り立ちを考える

　はじめに，ナイル川が流れるアフリカ大陸について概観して
おこう。アフリカに行けば野生の動物にすぐに会えると思う読
者もいるかもしれないが，動物の多くは各国が管理する保護区
に暮らしている。そのなかの1つ，南アフリカ共和国北部に位
置するマプングブエ国立公園では，動物とともに巨大なバオバ
ブをみることができる（図14-2）。バオバブは，アフリカ大陸
だけではなく，マダガスカル島やオーストラリア大陸にも生育
している。その種（species）は大陸によって異なり，そのことが，
かつてゴンドワナ大陸が存在したことの証左となっている。

図14-2　マプングブエ国立公園のバオバブ

アフリカ大陸はアフリカプレートに位置しており，新生代以前の「古い」地質からなる地形が多く存在する。ただし，大陸東部の大地溝帯周辺では地殻変動が認められるほか，活火山も存在する（図14-4）。アフリカ大陸は実に巨大である。面積は約30万km^{2}で，アメリカ合衆国・中国・インド・EU主要国を足し合わせた面積よりも広い。人口は，13億4059万人（2020年）と推計されている。

日本は，レアメタル（白金・マンガン・バナジウム・クロム鉱など）の多くをアフリカの国々に依存している。また，日本人の食卓になじみの深いバニラ豆，カカオ豆，タコといった食料品の大半はアフリカから輸入されている。

3. サハラ砂漠の環境変動とエジプト文明の誕生

ナイル川は，ヴィクトリア湖付近を源とし，アフリカ大陸北東部を北へと流れ，サハラ砂漠を貫流して地中海へと至る（図14-5）。サハラ砂漠は過去の気候変動によって，拡大と縮小を繰り返してきた（図14-6）。約2万年前の最終氷期最盛期には，乾燥化によって現在よりも砂漠の範囲は大きかった。その後，約7000年前のヒプシサーマル期には湿潤化が進み，砂漠が縮小するとともにステップが拡大して「緑のサハラ」の時代を迎えた。しかし，約6000年前には再び乾燥化が進み，砂漠が拡大した。

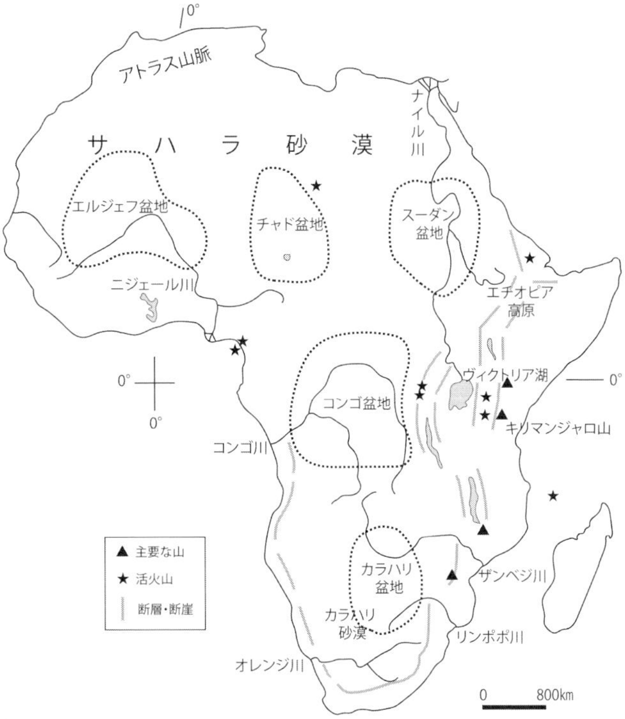

緑のサハラの時代には，拡大したステップやサバンナに多くの動物が存在

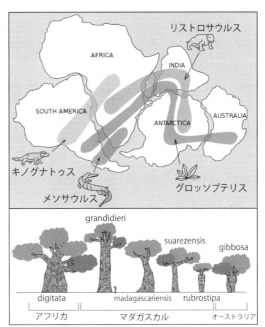

図14-3 ゴンドワナ大陸と動植物の分布
（近藤1997などより作成）

図14-4 アフリカ大陸の地形概観

❊ サン・テグジュペリの『星の王子さま』では，バオバブは星を破壊する有害な巨木とされている．

❊ プレートテクトニクスについては『自然地理学』第2章を参照のこと．

し，それを追う人々の生活があったことが，タッシリ・ナジェール（アルジェリア）などの岩壁画からわかる。緑のサハラに暮らした人々は，その後の乾燥化によって居住地を追われ，一部はナイル川流域に定住して暮らすようになる。そうして形成され

70

※
ナイル川の最長水
源はルワンダ国内
にあり，ヴィクト
リア湖に注ぐ小河
川とされる．

※
サハラ砂漠におけ
る過去の環境変動
については『自然
地理学』第11章
でも触れている．

図14-5　ナイル川下流部

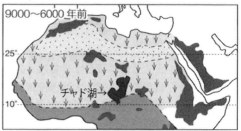

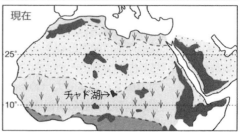

図14-6　サハラ砂漠周辺の環境変遷（長谷川 2014）

図14-7　ナイル川流域（春山 2007 より作成）

た集落は「ノモス」と呼ばれ，農業や牧畜が始まった。やがてノモスは，ナイル川上流に位置する「上エジプト」と下流に位置する「下エジプト」の2つの王国にまとまっていく。約5000年前には，上エジプトのナルメル王が下エジプトを征服し，メンフィスに都市が形成されて統一国家（第1王朝）が誕生した。「文明」とは，都市化，高度な技術の登場，社会の分化，階層の分化を伴う文化と定義すれば，メンフィスに統一国家が成立した時点で「エジプト文明」は始まっていたと考えても良いだろう。また当地における文明誕生のきっかけの1つに，サハラの乾燥化という環境変動があったことも重要な点である。

4．ナイル川とはどんな河川なのか

　ナイル川の流路延長は約6700 km，流域面積は約300万 km^2 に及ぶ（図14-7）。白ナイル川と青ナイルは上流域に年間降水量が800〜2000 mm の地域を有するが，ハルツーム以北ではほとんど降水はない（図14-8）。青ナイルの上流域にはキョーガ湖

沼群，大地溝帯，エドワード湖やアルバート湖，さらにはスッド（ズット）盆地の大湿地帯などが存在し，流量が調節されるため，その下流にもたらされる流量は年間であまり大きく変動しない。

これに対して，雨季・乾季の明瞭なエチオピア高原を源とする青ナイルにおける流量の季節的変動は著しい。なお，エチオピアには2つの小雨季（3～5月，11月）と1つの大雨季（6～10月）がある。小雨季はインド洋気団の侵入によって生じ，大雨季は赤道気団の北上によって生じる。

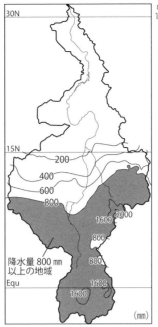

図14-8　ナイル川流域と降水量
（Camberlin2009）

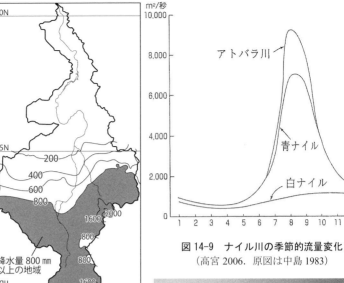

図14-9　ナイル川の季節的流量変化
（高宮 2006．原図は中島 1983）

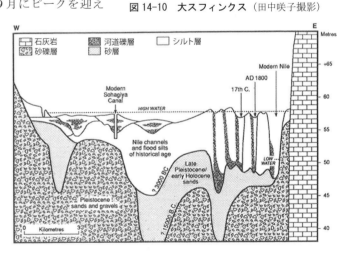

図14-10　大スフィンクス（田中咲子撮影）

ハルツームからアスワンまで約2000 kmの区間，ナイル川は主に岩石砂漠を貫流する。この区間で，8～9月に増水するアトバラ川が合流する（図14-9）。ナセル湖に流入する水量は8～9月にピークを迎えるが，11月には約4分の1に減り，さらに翌年6月まで徐々に減少する。アスワン・ダムやアスワン・ハイ・ダムの建造以前は，そうした流量の季節変動が大きいナイル川が，アスワンから下流の砂漠地帯を削る幅10～20 kmの谷を流れた後，三角州で分流して地中海へと注いでいた。

5．ナイル川下流部の地形

カイロの南西，ギザに「三大ピラミッド」が位置する。第4王朝（紀元前2613年頃～紀元前2498年頃）に建造された

図14-11　ナイル川氾濫原周辺の地質断面（Brown1997．原図は Butzer1976）

クフ，カフラー，メンカウラー3王のピラミッドである。これらのピラミッドは，ナイル川の氾濫原をみわたす台地の端に立地する。この台地は，新生代古第三紀始新世（約5600万～約3390万年前）の浅海成石灰岩，モカッタム累層よりなる。三大ピラミッドのかたわらに鎮座する「大スフィンクス」は，モカッタム累層を削りだしてつくられた（図14-10）。

　ギザ周辺では，石灰岩や砂礫層からなる台地を開析してナイル川の氾濫原が発達している（図14-11）。ナイル川は流れる場所を移動しながら，徐々に氾濫原を砂礫層やシルト層によって充填させてきた。厚いところでは，歴史時代に約10mに及ぶ堆積物がもたらされた。

　ナイル川によって形成された開析谷は，カイロあたりで終わり，それより下流には広大な三角州が形成されている（図14-5）。

6．ナイル川水位の季節変動と農業

　降水がほとんどないエジプトでは，どのような農業が行われてきたのだろうか。古来，エジプトの人々はナイル川の季節的水位変動を利用して農業を営んできた。夏になるとナイル川は「洪水」を起こした（図14-12）。それは恵みの洪水であった。エジプトのような乾燥地で農業を行おうとすると，農地への塩類集積が生じてしまう。しかし，ナイル川の氾濫原では毎年の湛水によって塩類が洗い流されるとともに，洪水に含まれる肥沃な土壌が農地に堆積するため，無施肥でも土壌の肥沃性と高い生産性を維持できたのである。

　当初は，いわゆる洪水を利用した粗放的な農業であったかもしれないが，やがて「灌漑農業」が行われるようになった。人々は水路を造り，この洪水を堤防で囲んだ耕地（ベイスン）に導入して，数週間湛水させ，その間にベイスン内に水を吸収させるとともに，水が含む有機質肥料分に富むシルトを地面に沈殿させた。やがて，ナイル川の洪水（8〜10月頃）が引くと排水してコムギなどを播種した。つまり，秋に種をまき春に収穫する冬作中心の農業が行われてきた。これはベイスン灌漑と呼ばれ，自然のシステムを利用した持続的農業である。

　古代エジプトでは，ナイル川は神格化された。ハピ神はナイルの氾濫による恵みをもたらすものであり，大地・豊穣・創造を司る神々を養うものでもあった（図14-13）。やがて，近代科学に通じる自然現象の観察が行われるようになる。エジプトの人々はシリウスが日の出の直前に東天に昇る頃の一定時期に，ナイル川の洪水が始まることを知った。また，太陽の観測にもとづき約6000年前までには太陽暦がつくられた。さらに，ファラオによる統治にあたって，ナイル川の河畔には石に目盛りを刻んで水位を観測するナイロメーターが設けられた。浸水が不十分だった場合，農地の一部しかシルトに覆われず，しばしば飢饉をもたらす。逆に水位が高過ぎれば，家や建造物が押し流され，農作物も駄目になる。ナイロメーターは為政者による税の計算に用いられ，それは後のヘレニズム時代にも続いたと考えられている。

　時代は下って，1805年にオスマントルコのエジプト総督にムハンマド・アリが就任すると，農業の近代化と水利土木工事が進んだ。そして，イギリスにおける需要に対応するために綿花の栽培が推進された。綿花は夏作物であり，その栽培期がベイスン灌漑の湛水期と重なるので，綿花栽培を導入するためには夏期にお

図14-12　20世紀前半のナイル川氾濫原の様子

ける灌漑の実現とベイスン灌漑の廃止が重要な課題になる。それにより，年間を通した灌漑をベースにした農業への転換が進むことになった。

図 14-13　ハピ神
(Brown1997)

7. ナイル川の開発

1843 ～ 1861 年には，三角州で分岐するナイル川に堰が設けられ，派生する水路への河川水の導入が容易になった。その後も堰の建設は続き，ナイル川には全部で 8 基が設置されるとともに水路網の整備が図られた。1902 年にはアスワンに貯水ダムが建設され，低水期の流量維持が進んだ。その後，1960 ～ 1970 年にはアスワン・ハイ・ダムが建設され，ナイル川の流量は管理されることになった。アスワン・ハイ・ダムの建設にともなって，アブシンベル神殿をはじめとするヌビア遺跡群が，ナセル湖に水没するという危機が生じた。そこでユネスコが中心になって遺跡の保存運動が展開され，世界 60 カ国の援助を得てヌビア遺跡群は湖畔に移築された（図 14-14）。これをきっかけに人類共通の遺産を守ろうという機運が高まり，1972 年の「世界の文化遺産および自然遺産の保護に関する条約（世界遺産条約）」の採択へとつながった。

アスワン・ハイ・ダムの建設により，下流部の農業のあり方は激変した。安定した灌漑農業が可能になる一方で，いくつかの問題が生じることになった。ナイル川の洪水によってもたらされた豊かな「ひび割れ粘土質土壌」は徐々に疲弊し，肥料を大量に投入しなければならなくなった。また，ナイル川三角州の一部では，小麦やサトウキビを育てる畑で塩害が生じている。さらに，エジプトにおける急激な人口増加は「土壌への負荷」に追い打ちをかけている。政府は砂漠の農地開発を進めており，それにはナイル川の水が大量に必要となる。すると最下流域に届く水が少なくなり，塩害を加速させることになる。

図 14-14　移築されたアブシンベル神殿

また，三角州の沿岸域では，ナイル川によって供給されていた土砂の量が減少したために海岸侵食が進行している。加えて，ナイル川は大量の有機物を地中海に運び，プランクトンの生育を可能にしていたが，それが減って漁業に致命的な打撃を与えたとされている。

8. 国際河川が抱える問題

エチオピアは 2021 年 7 月，大雨季の始まりにあたり，青ナイルに建設されたグランド・ルネッサンス・ダムの貯水を開始した。このダムは，建設開始から約 10 年が経過するが，水力発電で電力需要を満たしたいエチオピアと，ナイル川の水量減少を懸念するエジプトとスーダンの下流 2 カ国との間で，貯水期間や水量制限などに関する交渉が難航している。数千年におよぶナイル川と人々の付き合い方は，今後どこに向かうのだろうか，注視したい。

（小野映介）

15　フランス・ワインのテロワール

1. 地域を対比する

　地域の個性を抽出する際，時として他の地域と比べることで，その個性がより明確になる場合がある。地域比較法と言ってよいかもしれないが，比較という言葉には優劣などの順位付けのニュアンスが含まれることがある。しかし，ここでの主眼は，相互の特徴を際立たせることにあり，どちらが良い，どちらが悪いといった評価はまったくなじまない。その意味では対比といった言葉の方がふさわしいかもしれない。

　例えば，文部科学省が示す高等学校の「学習指導要領」（平成30年告示）にある地理総合の記載をみると，「国際理解と国際協力」の枠組みのなかで「生活文化の多様性と国際理解」という内容を教えるように説かれている。その取扱いについて「日本との共通点や相違点に着目し，多様な習慣や価値観などをもっている人々と共存していくことの意義に気付くよう工夫すること」とあり，他地域と日本を対比していく視点が盛り込まれている。

※
学習指導要領は文部科学省のウェブサイトで読むことができる.

　もちろん，比べる対象は国といったスケールには限らない。大陸どうしでも可能だし，また同じ国内での地域レベルでも可能である。ここでは事例として，フランスのワインの生産地の特徴を，対比という点からとらえることにしたい。

2. フランスのワイン生産地

※
日本でのぶどう栽培（果樹）は約1.8万ha，茶は4.1万haである（H30）.

　フランスは農業国と言われる。日本よりも国土は1.4倍ほどなのに対し，2017年時点の耕地面積は約4.7倍であり，農産物の自給率も高い。耕地面積でみると，小麦が38.7％と一番多いが，ワインの原料となるブドウも5.6％の面積を占める。実際の面積は約74万haである。これは日本の水田面積のおよそ半分にあたる（表15-1）。

表 15-1　フランスと日本の主要農産物

フランス（2019年）

作物	面積 （ha）	農地に占める割合（%）
小麦	5,244,250	38.7
大麦	1,944,190	14.3
トウモロコシ	1,506,100	11.1
なたね	1,107,040	8.2
ブドウ	755,470	5.6

日本（2019年）

作物	面積 （ha）	農地に占める割合（%）
水稲	1,542,000	53.3
小麦	211,600	7.3
大豆	143,500	5.0
野菜	121,276	4.2
じゃがいも	72,759	2.52

FAOSTAT より作成

　また，図15-1は2018年のワイン生産主要国の世界全体に占める割合を示したものだが，フランスはイタリアやスペインと並ぶ最大生産国の1つであることが確認できる。なお，イタリアは約67万ha，スペインは約94万haのブドウ栽培面積がある。

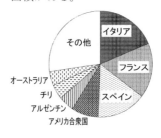

図 15-1　ワイン生産量割合
（2018年）（OIV 資料より作成）

　フランスのワイン産地は1カ所に固まっているのではなく，国内にいくつものワイン産地があり（図15-2），それぞれに個性的なワインが生産されている。本章では，シャンパーニュ地方と，ボルドー地方をとりあげることにしたい。ワインの特

徴で言えば，シャンパーニュ地方ではスパークリングワインの代表格，シャンパン（シャンパーニュ）で有名であり，またボルドー地方は複数のブドウ品種を利用してブレンドして作られる赤ワインが有名だ。それぞれ高品質のワインを維持するために，ブドウ栽培からワイン醸造に至るまで厳格な基準が設けられている。

図 15-2　フランスの主要ワイン産地

3．ワイン生産地の気候環境

　こうしたワインの特徴の違いもさることながら，2 つの地域は自然条件や景観が大きく異なっている。図 15-3 は，シャンパーニュ地方の中心都市ランスと，ボルドー地方の中心都市ボルドーの月平均気温と月降水量を示したものである。

　気温については，季節ごとの推移の傾向は両都市で共通するが，一貫してボルドーの方が高い。降水量については，ランスは季節ごとの降水量にあまり変化がないのに対して，ボルドーは気温の低い時期は降水量が多く，逆に気温の高い時期に降水量が少なく乾燥することがわかる。1 年という単位でみると，ボルドーの年降水量が 944 mm であるのに対して，ランスでは 627 mm と 300 mm ほど少なく，また平均気温も 3 度ほど低くなる。シャンパーニュ地方はブドウの栽培限界に近く，フランスの主要ワイン産地の中で最も北に位置している。

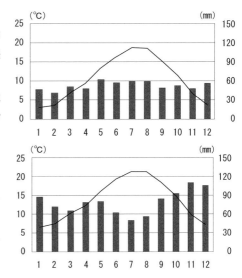

図 15-3　ランス（上）とボルドー（下）の月平均気温と月降水量（フランス気象局のデータより作成）

4．地形条件と土地利用

　次に地形条件をみてみよう。フランスはイタリア国境付近のアルプス山脈や南部の山岳地，スペイン国境付近のピレネー山脈を除くと，高い山地が続く場所はなく，比較的平坦な構造平野が広がっている。構造平野に位置しているという点では，シャンパーニュ地方もボルドー地方も同じである。

　地層が傾いた構造平野の場合，硬い層よりも軟らかい層の侵食作用が大きいために，

※
気候については，『自然地理学』第 8 章および第 9 章で取り上げている．

図 15-4　ケスタ地形の概念図

※
大地形について
は,『自然地理学』
第 2 章で取り上
げられている.

緩やかな傾斜部と急な傾斜部が連続するようなケスタ地形となる（図 15-4）。2 つの地方のうち，シャンパーニュ地方は，典型的なケスタ地形がみられる場所となっている。

　図 15-5 は，シャンパーニュ地方の空中写真だが，そこには 3 つの面的広がりが見える。1 つは木々に覆われた森林地帯（A），1 つは小区画の農地帯（B），そしてもう 1 つは大区画の農地地帯（C）である。B と C の境界付近を河川（マルヌ川）が流れているので，土地利用の違いがより際立って見えるだろう。A は丘陵上の平地，B が急傾斜地，C が低地であり，ケスタ地形によって生じる土地の垂直的な差異に応じて，土地利用が異なっている。

　このうち，ブドウ畑として利用されているのは B の急傾斜地である（図 15-5，図 15-6）。不整形な小区画は等高線に沿った方向と，それに直交する方向で区切られており，土壌の流出などを防ぐ工夫がなされていることがうかがえる。急傾斜地の水はけのよさや，日照条件のよさがブドウ栽培に向いているとされているが，言い換えると，急傾斜で水持ちの悪い貧弱な土壌は，他の作物には適さない場所である。だからこそ，ブドウ栽培が維持されているわけである。

　こうした条件下，シャンパーニュ地方ではピノ・ノワール，ムニエ，シャルドネといったブドウ品種が栽培されている。この地方でもっとも農地に適しているのは C の低地であり，小麦を中心とした農業が営まれている。A の丘陵頂部は農業には適さない土壌のため，森林として残されている。集落は低地と斜面地の境界付近，もしくは斜面地の中腹に集村形態で形成されている。

　一方，図 15-7 はボルドー地方のうち，ボルドーから直線で 30 km ほど東に位置する中世の面影

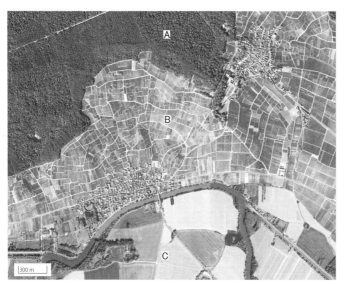

図 15-5　シャンパーニュ地方（エペルネ近郊）
（Géoportail 提供の空中写真に加筆）

図 15-6　傾斜地のブドウ畑（エペルネ近郊）（2017 年撮影）

を色濃く残す町サン・テミリオ
ン周辺の空中写真である。図内
のDがサン・テミリオンで，周
辺との標高差100mほどの丘陵
上に位置している。丘陵自体は
それほど広くなく，ゆるやかな
斜面地の外側にはフラットな平
地が広がっている。斜面地には
谷筋が入っており，起伏ある斜
面地となっている。

　図15-7をみると，農地の地割
によって斜面地や平地であるか
といった類推は可能だが，シャ
ンパーニュのように土地利用が
明確に異なる状況は確認できな

図15-7　ボルドー地方（サン・テミリオン近郊）
（Géoportail 提供の空中写真に加筆）

い。サン・テミリオン一帯は，基本的にブドウ畑が一面に広がっており，そうしたな
かにブドウ農家の宅地が点在する散村の形態をとっている。

5. 地質土壌とワイン生産

　シャンパーニュ地方の特徴的な地層にチョーク層がある。チョークはローマ時代か
ら石材として切り出されてきたため，シャンパーニュ地方の地下には無数の採掘坑が
ある。シャンパーニュ地方でブドウ栽培兼ワイン醸造を行う「メゾン」は，この地下
空間をワイン貯蔵の空間として利用している（図15-8）。こうした転用によるワイン
醸造利用のほか，採掘坑のない地区では貯蔵用に新たに掘って地下空間を構える場合
もある。こうした地下洞窟の総延長は100kmを超えると言われている。

　一方，ボルドー地方は，中央高原から流れ出るドルドーニュ川，ピレネー山脈から
のガロンヌ川，そして2つの川が合流したジロンド川によって土壌が形成されている。
そのため，場所によって粘土質，砂質，砂利質，石灰質といった様々な土壌が堆積し
ており，そうした違いや気象・地形条件などをもとに，場所に応じてメルロー，カベ
ルネ・ソーヴィニオン，カベルネ・フランといったブドウの品種を栽培し，それら
をブレンドすることで個性的なワインを生み出してい
る。

　図15-7に示したサン・テミリオン周辺の場合は，
石灰岩を基盤地質とする地域である。サン・テミリオ
ンの名前の由来となった聖エミリオンは洞窟を掘って
隠遁生活を送ったが（図15-9），そこも石灰岩の岩盤
だった。そして，こうした石灰岩の上に湿潤な粘土質
の土壌が覆っているのが一般的な傾向である。ただし，
土壌分布は細かく異なっており，また傾斜地もいくつ

図15-8　シャンパンを貯蔵する地下空間
（Wikimedia Commons から．撮影者 Victor
Grigas，2014年撮影）

※
土壌については
『自然地理学』第
4章で，また土壌
と農業の関係につ
いては『人文地理
学』第4章でも
扱っている.

図 15-9　サン・テミリオンの市街地（2019 年撮影）

もの谷が入り込むことでなだらかな起伏の続く地形となっているため，場所によって堆積する土壌や気象条件に少しずつ違いが生まれる。ボルドー地方を「全体」でみると，サン・テミリオン地域には個性がある一方，サン・テミリオン地域を「全体」としてみると，さらに狭い範囲の違いに気がつく。

6．テロワール

　フランスのワイン生産では，生産地の持つ特徴が意識され，そうした特徴を表現したワインが良いワインとされる。こうした地域の個性を「テロワール」と呼ぶ。テロワール概念は，直接的には土壌・地形・気候などの自然条件を指すが，それらを活かし守ってきた人の営みという点も重要な要件となる。

　テロワールは，シャンパーニュ地方やボルドー地方といった地方レベルでとらえることもできるし，またその中の地区や村レベル，そして農地レベルでとらえることもできる。例えば，サン・テミリオン近郊，図 15-7 で E 地点にあたるシャトーでは，農地環境の多様性を重視しており，醸造所や農地の周辺に樹木を植えて生物多様性を維持すると同時に，自家が所有する農地の区画ごとに土壌を細かく把握し，それに応じたブドウ品種を無農薬で栽培している（図 15-10）。農園主は，土地の個性を十分に表現したブドウを育て，それらを絶妙にブレンドすることが，このシャトーでしかできないワインを生み出すことにつながるのであり，自然風土と人の営みこそがテロワールだと語ってくれた。シャトーの建物内の一角にはテロワールを意識した生産姿勢を物語るかのように，シャトーを描いた絵画の前にボトルが飾られている。ボルドーワインでは，ワインのラベルにシャトーが描かれることも多い。

　このように，テロワールは自然地理学的な側面と人文地理学的な側面を越えた総合的なまなざしと，スケール横断的な理解が不可欠なものである。そして，こうしたテロワールは 1 つの地域だけを見ていても，その個性をはっきりと理解するのは難しい。対比することで，それぞれの個性をより把握しやすくなるだろう。

　ちなみに，サン・テミリオンは 1999 年に，シャンパーニュ地方は 2015 年に，それぞれユネスコの世界文化遺産に登録されている。このほか，同じくフランスのブルゴー

※
ボルドー地方のシャトーとは，良質なブドウ栽培，ワイン醸造をおこなう生産者・醸造所を指す.

図 15-10　サン・テミリオンのあるシャトーの自宅兼　　　　　醸造所（2019 年撮影）

図 15-11　サン・テミリオンのブドウ畑（2019 年撮影）

ニュをはじめ，ワイン生産に関する文化的景観（Cultural Landscape）は 10 カ所以上
が世界文化遺産として登録されている。ワインの味を楽しむ前に，それぞれのテロワー
ルを知るのも悪くない。

コラム：地域の個性と世界の顕彰

　地誌学は地域の個性を明らかにする学問である．その際，地域ごとの違いは確認して
も，そこに優劣を見出すことはない．それぞれの地域に個性があることを尊重するとい
うのが基本スタンスである．一方，ひとたび地誌学やそれ以外の学問によって明らかに
なった地域の個性については，様々な場面で活用されることになる．個性を活かした地
域づくりといった取り組みはその代表的であり，また個性を地域資源としてとらえ，観
光へ応用する動きも盛んである．

　1970 年代以降，こうした地域の個性を世界規模で顕彰し，保護する動きが始まった．
2021 年時点で 194 カ国が批准している世界遺産条約（正式名は「世界の文化遺産及び
自然遺産の保護に関する条約」）によって定められる世界遺産（World heritage）は，地
域の個性を世界的に顕彰する大きな潮流を作り出した 1 つの取り組みとみてよい．

　世界遺産条約が目指すのは全人類にとって価値を持つ遺産の保護であって，登録には
「顕著な普遍的な価値」（OUV: Outstanding Universal Value）を持っている遺産であること
を証明することが不可欠となる．当初は地域の個性といった視点はほぼなく，世界史（な
いし地球史）にとって重要とされる遺産が選ばれていた．もっとも，それは自然や文化
の序列を生むことにもなり，批判されることにもつながった．そして，地域に固有の自
然遺産や文化遺産もまた世界全体で守るべき OUV を有するといった見解が強くなるな
かで，「ローカルな価値＝グローバルな価値」といった見方が登場し，現在に至っている．
言わば，地球上のあらゆる地域の自然や文化は世界史／地球史の 1 ページを構成すると
いう考えである．本章で触れたように，ワイン生産地に関する世界文化遺産は 10 カ所
以上あるが，これもまた，地域ごとの個性を尊重する世界的な動きのなかで登録が進ん
だ結果である．

　世界遺産と同じくユネスコ（UNESCO）による事業としては，無形文化遺産（Intangible
Cultural Heritage）や世界の記憶（Memory of the World），そしてユネスコ世界ジオパーク
（UNESCO Global Geopark）もある．このうち世界遺産と同じく不動産が対象となるユネ
スコ世界ジオパークの場合，対象は国際的に価値ある地質遺産だが，そうした地質遺産
がもたらす自然・文化の地域性についても理解を深めることが目的とされている．2021
年現在，日本では 9 カ所がユネスコ世界ジオパークに登録されている．

　国際連合食糧農業機関（FAO）によって認定される世界農業遺産（GIAHS（ジアス）：
Globally Important Agricultural Heritage Systems）は，独自性のある伝統的な農林水産業と
それらがもたらす自然・文化の総体的な地域のシステムが対象となる．「農業」という
名称がついているが，林業や水産業も対象で，たとえば日本では長良川の鮎の伝統漁や
食文化などからなる「清流長良川の鮎－里川における人と鮎のつながり－」が認定され
ている．また世界ではオアシスや灌漑といった水との関わりが意識された認定場所も多
い．農林水産業とともに地域で培われてきたシステムが持続可能なものとなるようにす
ることが目的である．

　こうした世界的な動向をふまえた時，地誌学的な取り組みの現代社会における意義が
改めて浮かび上がる．学問が細分化され，特定の事象のみを語る学問分野が多数登場し
たなかで，多様な事象が混在する「地域」の個性を総合的に読み取る技術を備える地誌
学は，古くて新しい学問分野なのかもしれない．

（上杉和央）

16　国土を造った人々−オランダ

1．キンデルダイクの風車

オランダ南部の都市ロッテルダムの近郊に，キンデルダイク（Kinderdijk）という町がある。この町の地名の由来には諸説あるが，1421年の大洪水の際に小さなゆりかごが流れ着いたことから，キンデルダイク（＝子どもの堤防）と名付けられたそうだ。当地では，1740年に作られた風車が現在も稼働している（図16-1）。かつて，オランダ国内には無数の風車が存在した。風車なくして，オランダの国土の発展はなかったと言えよう。

本章では，風車とともにあった国土開発の歴史に注目して，オランダという国を理解してみよう。

図 16-1　キンデルダイクの風車群

2．世界は神が創りたもうたが，オランダはオランダ人が造った

オランダ（Kingdom of the Netherlands）の国土面積は4万1543 km^{2}で，日本の九州とほぼ同じである。そこに1748万人（2021年）が暮らしている。国土の約30％は海面より低く，また国土の20％以上は，13世紀以降の干拓事業によって生まれた。干拓とは，埋め立てと異なり，浅瀬に堤防を設けた後に堤防内の水を抜いて土地を干し上げることである（図16-2）。そのため，干拓地（ポルダー）は平均潮位よりも低く，溜まった水を常に排水しなければならない。また，高潮が生じた際には甚大な被害を受ける可能性がある。

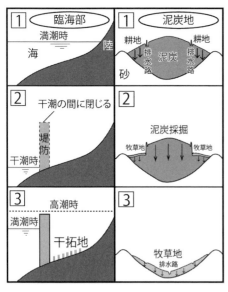

風車は，干拓の際に堤防の内側の海水を汲み出し，干上がらせるために用いられ，また干拓後の水位管理にも使われた。しかし，土木技術が未熟な時代には，冬の強いアイスランド低気圧の風波で堤防は度々壊されてきた。夏用の堤防，冬用の堤防が幾重にも海岸の放牧地を守り，それらが壊される，造り直す，その繰り返しの歴史であった。

11〜12世紀にヨーロッパでは農業生産力が高まり，人口が爆発的に増加した。そのため土地不足が生じ，人々は水と格闘して干拓地を開発した。水との闘いの歴史から，オランダでは不都合を排除するのではなく，被害を極小にする「制御」の考え方が培われた。また，治水には多くの人の協力が必要だったため，話し合いによる「合意」と「平等」を尊ぶ気風が根付いたとされる。

図 16-2　干拓の方法（佐藤 2019 などより作成）

3．フライング・ダッチマン

　オランダの国土の開発を支えたのは，海外の植民地からの貿易で蓄積した富であった。1609 年に独立を果たすと，オランダはヨーロッパの新興国家として中継貿易に進出した。東インドに進出し，ポルトガルから香辛料貿易を奪うなどして次第に植民地を拡大して，オランダは 17 ～ 18 世紀に黄金時代を迎えた。製材用風車の存在が造船業の発展に寄与したという点においても，オランダと風車はやはり切り離せないのである。

　当時のオランダの版図は，南アフリカ，カリブ海の島々，北アメリカの一部，西アフリカや南部アフリカの一部，インド，インドネシア，フィリピンに及んでおり，日本にまで触手を伸ばした。大西洋やインド洋を行き交ったオランダ船や船乗りは，フライング・ダッチマン（Flying Dutchman）として，リヒャルト・ワーグナーのオペラ『さまよえるオランダ人』のほかに，映画『パイレーツ・オブ・カリビアン』や漫画『ONE PIECE』にも登場する。

4．地形・地質の概要

　北海に面したオランダの国土の大半は海抜（NAP: Nieuw Amsterdams Peil）が 200 m 以下で，「ゼロメートル地帯」が広がる（図 16-3・図 16-4）。オランダの内陸部には更新世の堆積物が分布しており，臨海部やライン川沿いの地域は完新世の堆積物からなる（図 16-5）。北海沿岸には砂州・砂丘の発達が認められる。オランダ北部に断続的に分布する砂州・砂丘によって北海と隔てられた海域は，ワッデン（ヴェンデンゼー）海と呼ばれる。このワッデン海とアイセル（アイセルメール海）湖周辺，ライン川の下流部には完新世に形成された泥炭の分布がみられる。アムステルダムやロッテルダムといった都市は，その泥炭地に建設された。

※
オランダの富の源泉の中心はバルト海貿易と地中海貿易であったとされる。また，ニシン漁によってもたらされた富も忘れてはならない。ニシンの塩漬け「ハーリング」は，現在も好んで食されている。

図 16-3　地形概観

図 16-4　オランダのゼロメートル地帯
（AHN の地図より作成）

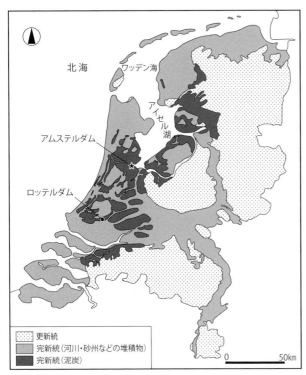

図 16-5　地質概観（Zagwijn 1985 をもとに作成）

図 16-6　干拓の歴史（角橋 2009 より．原図は Van de Ven 1993）

　ところで，オランダは最終氷期に発達したスカンディナビア氷床に近いために，日本列島にみられる沖積平野とは異なる形成過程を経てきた。完新世の海面変動曲線を描くと，約 8000 年前が NAP-15 m，約 6000 年前が NAP-5 m と徐々に上がり，現在が最も高くなる。このように，海面が徐々に上昇していくもとで，完新世の砂州・砂丘や泥炭地などがかたちづくられたのである。

5．干拓の歴史

　オランダにおいて干拓地という用語が文献に現れるのは，12 世紀初頭とされる。13 世紀および 14 世紀には，それぞれ約 350 km^2 の干拓が行われ，15 世紀に約 425 km^2，16 世紀に約 710 km^2，17 世紀に約 1120 km^2，18 世紀に約 500 km^2，19 世紀に約 1170 km^2，20 世紀には約 2300 km^2 が干拓された。初期の干拓地は，ワッデン海に面した地域やライン川の河口部にみられる（図 16-6）。17 世紀以降になると，それらの地域に加えて，アムステルダムとロッテルダムの間の地域に干拓地が増加する。また，20 世紀にはアイセル湖周辺で巨大な干拓事業が進んだ。

　ワッデン海とアイセル湖は，1927 〜 1932 年に建設された全長 30 km に及ぶアフスライト大堤防によって限られ，アイセル湖周辺には 1927 〜 1930 年にウィーリンガー湖ポルダー（図 16-6 の①：200 km^2），1937 〜 1942 年に北東ポルダー（図 16-6 の②：480 km^2），1950 〜 1957 年に東フレボラント（図 16-6 の③：540 km^2），1959 〜 1968 年に南フレボラント（図 16-6 の④：430 km^2）がつくられた。なお，マルカーワールト（図 16-6 の⑤）の干拓は中止されている。

　上述のように干拓地の面積が拡大していくとともに，排水技術は風車から蒸気ポンプへ，さらに電気ポンプへと移行した。

6．干拓地の土地利用

干拓地では，どのような土地利用がなされているのか。先にあげた東フレボラント・南フレボラントでは，大半が農地として利用されており，ジャガイモ・テンサイ・ニンジンといった根菜やキャベツ，大麦，小麦，燕麦，ライ麦が栽培されている。なお，干拓地には職住近接を目指した複数の計画都市が建設されている。

また，オランダ最古の干拓地として世界遺産に登録されたベームスター（Beemster）では，園芸農業や牧畜が盛んである。当地は，穀物栽培を行うことを目的として1612～1617年に干拓されたが，土壌の性質が不向きであったために牧草地へと姿を変えた。その後，1630年にパリでのチューリップの大流行をきっかけに球根栽培が行われるようになった。ところで，穀物栽培には不向きであったが，海のミネラルを豊富に含んだ土壌で育った牧草を食べて育った牛からつくられるチーズは美味で，ベームスターチーズは最高級のゴーダタイプのチーズとして有名である（図16-7）。

7．集落・都市の誕生と発展

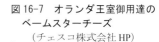

図16-7　オランダ王室御用達の
ベームスターチーズ
（チェスコ株式会社HP）

現在のユトレヒトには約2000年前にローマ帝国の要塞が建設され，都市として発展した。ローマはその土木技術を導入して治水工事，堤防工事などを行ったが，ローマ帝国滅亡後はその種の工事は行われなくなったと考えられる。約1500年前には，オランダの沖積平野に「テルプ」と呼ばれる人工の盛り土からなる高まりがつくられ，その上に人々が住居を構えていたことが知られている（図16-8）。

時代は下って13世紀になると，テルプをつなぎあわせ，海岸沿いに堤防を建設して大きな居住地域を建設する動きが本格化した。この頃，アムステル川のほとりの小さな漁村が川にダムを築き，やがて港町として栄えることになる（図16-9）。後にオランダの首都となるアムステルダム（Amsterdam）の誕生である。北海へとつながる（現在のアイセル湖・ワッデン海を通って北海へと抜けるルート）アムステルダムは，やがてバルト海交易路の中心地となり，さらには地中海交易を含む全ヨーロッパへと商圏を広げていく。そうした背景の下で都市アムステルダムは発展し，増加する人口に対応するために宅地造成を目的としてヘーレン運河・プリンセン運河・ケイザー運河が同心円状に整

図16-8　テルプ（Lambert 1985）

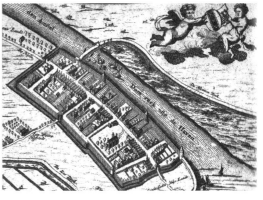

図16-9　アムステル川に築かれたダム
（フォッセスタイン 2017）

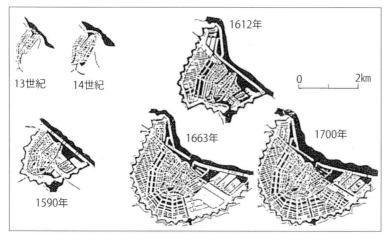

図 16-10　アムステルダムの拡大過程（ベネーヴォロ 1983）

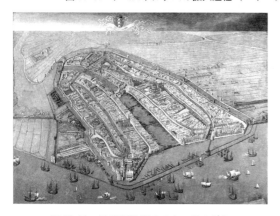

図 16-11　16 世紀前半のアムステルダム
（アムステルダム国立美術館蔵）

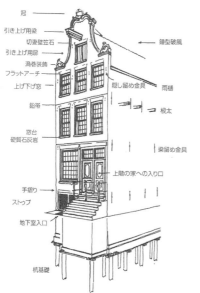

図 16-12　中世の家の構造（ヘルマン 2002）

備されていった（図 16-10・図 16-11）。アムステルダムの人口は 1550 年に約 3 万人であったが，1597 年から 1625 年のわずかの間に約 6 万人から約 12 万人となる。そして，1662 年には約 20 万人にまで膨れ上がった。

上述したように，アムステルダムは泥炭地に拓かれた都市である。建築物を支えるのは，地中に伸びる杭である。アムステルダムでもとくに賑わいをみせるダム広場に面して建つ王宮（Palais royal d' Amsterdam）は，1648 年に市庁舎として建てられたものを，フランス侵略時代の 1808 年にナポレオンの弟であるボナパルトが王宮として使い始め，現在は迎賓館として使用されている。この建物は 1 万 3659 本もの木杭によって支えられている。また，アムステルダム中央駅は大きな水路を埋め立てて 1889 年に開業したアムステルダム中央駅の駅舎には約 9000 本の木杭が使用された。

加えて，一般の住宅も杭によって支えられているのだが（図 16-12），不等沈下によって傾いているものがみられる。さらに，アムステルダムの運河の護岸もレンガや盛り土を木杭の基礎で支えている。近年，木杭の腐食や洗掘による護岸の崩落が相次いでおり，その改修作業には，同じく軟弱な地盤を有する日本の企業の技術が役に立っているということである。

ところで，現在もオランダはヨーロッパにおける貿易の中心地としての役割を果たしている。ロッテルダム港は「ユーロポート」とも呼ばれ，ライン川が北海に注ぐ直前，外洋と河川の結節点という地の利を生かして発展している。

8．水害を克服できるか

干拓によってできたオランダの国土は，海面よりも低い

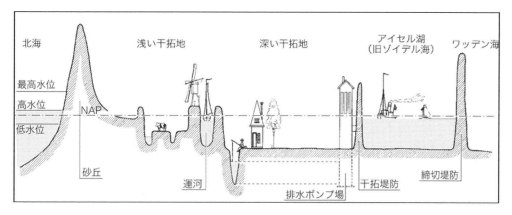

図 16-13　臨海部の地形断面 （Board of the Zuyderzee Works 1964 より作成）

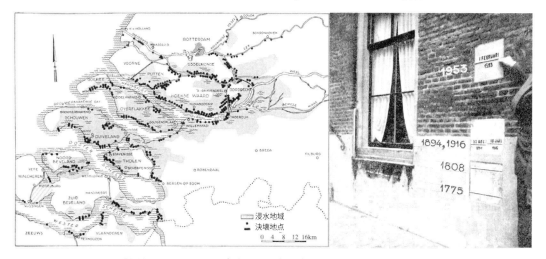

図 16-14　ライン川下流域の 1953 年洪水 （Gerritsen2005 より作成）

ために，水害に対しては極めて脆弱である（図 16-13）。記録されているだけでも，水害の回数は 10 〜 19 世紀に 120 回を超える。20 世紀には 1906 年，1911 年，1916 年，そして 1953 年に大規模な洪水が生じた。1953 年の洪水は北海上空に発達した低気圧による高潮によってもたらされ，オランダ南西部の約 20 万 ha の土地が浸水して 1853 名の犠牲者を出した（図 16-14）。洪水は近年も発生しており，2021 年 7 月にヨーロッパ西部を襲った洪水時には，オランダ南部を流れるマース川が過去 100 年で最も高い水位に達し，一帯の住民が避難した。

　近年，日本でも防災・減災において「流域治水」という用語が話題に上がることが多くなってきたが，その先進地はオランダである。オランダでは，合意・平等を尊ぶ気風のもとで「1 万年に 1 度の事態」をも視野に入れた治水事業が進行している。

（小野映介）

17　産業集積の地誌−シリコンバレー今昔物語

1. シリコンバレーとは

図 17-1　サンフランシスコ・ベイエリアとシリコンバレー
（（上）Google Earth,（下）サクセニアン（1994）15 頁）

世界的に有名なシリコンバレーは，アメリカのカリフォルニア州北部に位置するサンフランシスコ・ベイエリア南部一帯の呼び名である。半導体産業やハイテク産業のメッカであり，多くのスタートアップ企業が集まっている産業地域である。図 17-1 にあるように，サンフランシスコ湾の奥に広がっている平野はちょうど東側のディアブロ・レンジ山脈，西側のサンタクルズ・マウンテンに囲まれた峡谷（バレー）のような形態をしている。半導体産業を示す「シリコン」と，地形の名称であるサンタクララ「バレー」から「シリコンバレー」と呼ばれるようになった。

「シリコン」は広く半導体産業の材料に使われていることから，半導体部品のみならずそれらを制御するソフトウェアやアプリケーションなどを含めて，今日ではハイテク産業や IT 産業全般を表象する枕言葉として使われている。世界各地にシリコン○○（○○には地形の名称が入る）や△△のシリコンバレー（△△には国名や地名が入る）と呼ばれる産業集積があるが，それらはすべてアメリカ西海岸にあるシリコンバレーを中心地として意識した呼び名といえる。こうした呼び名が広く喧伝されるのは，身近な例で考えると，京都のような伝統ある街並みを「小京都」と呼んだり，相対的に華やかな商業集積地を各地の「銀座」と呼んだりするのと同じく，中心地に対するある種の敬意と羨望からといえるのかもしれない。

2. 地域の特徴

シリコンバレーと呼ばれる地域には，一般的にパロアルト，サンタクララ，サンノゼなどの複数の都市が含まれる。中心はサンタクララ郡のサンノゼからパロアルトにかけての地域であるが，今日のシリコンバレーの地理的範囲は広くサンフランシスコ・ベイエリアの西部と南部一帯を含むことが多い。サンフランシスコ・ベイエリア全体の人口は約 760 万人であり，そのなかでシリコンバレーの「首都」ともいわれるサンノゼは，市域人口約 100 万人超，都市圏人口は約 200 万人弱である。

※
サンタクララ・バレーの位置には，カリフォルニア州南部から西部にかけて約 1300km 続いているサンアンドレアス断層が走っている．世界的に有名な横ずれ断層であり，詳細は『自然地理学』の第 2 章を参照されたい.

シリコンバレーのある
カリフォルニア州は地中
海性気候に属し，年間の
平均気温が約22℃の温暖
な気候で，夏でも30℃以
上まで気温が上昇するこ
とはそれほど多くなく，
冬でも平均気温が15℃か
ら5℃と寒さも厳しくな
い。気温の年較差が小さ
いので過ごしやすく，ま
た年間降水量は360 mm
程度，晴天の日は1年に
約160日にのぼる。この
温暖な気候が開放的な雰
囲気を生み，アメリカ各
地から多くの移住者がこ
の地に移り住むとともに，
海外からも多くの移民が
集まっている。

図17-2 シリコンバレーにおける家庭で使う言語の割合（2008年）
(Index of Silicon Valley)

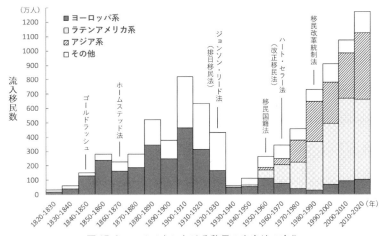

図17-3 アメリカにおける移民の出身地の変化
(American Community Survey など)

図17-2は，シリコンバレーの人口と家庭で使う言語の割合を示したものである。家庭で使う言語は出身地が関係しているため，英語以外の言語は主に移民を示している。スペイン語を使う人々は主にラテンアメリカ出身のヒスパニック系であり，中国語は台湾や中国本土からの移民である。近年，多様性（ダイバーシティ）の重要性がうたわれるようになってきているが，シリコンバレーはその先駆的な地域の1つである。

こうした移民の受け入れに代表される社会の多様性はカリフォルニア州だけでなく，建国以来のアメリカの特徴ともいえる。図17-3はアメリカにおける移民の人口推移とその出身地の変化を示したものである。19世紀はゴールドラッシュにともなって移民が急増し，1880年代以降は世界各地からの移民が増加した。その頃まではヨーロッパ系移民が多かったが，第二次世界大戦後は中南米諸国やアジア諸国からの移民が増えている。とくに1970年代以降は流入移民数が再び増加傾向を示しており，移民の大部分はヒスパニック系とアジア系が占めるに至っている。

3．シリコンバレーの前史

19世紀中ごろまで，サンタクララ・バレー（サンタクララ郡）では粗放的な農業が行われていた。1850年代に入ると，1848年に始まったゴールドラッシュでアメリカ西部への大移動が発生する。この時期は西海岸に多くの移民が各地から流入したころでもある。東アジアからは，中国の福建や広東からの移民が押し寄せ，日本からも明治中期にはたくさんの日本人が農業移民として海を渡ってきた。まさに「一攫千金」

※
例えば，台湾や九州はシリコンアイランドと呼ばれることがある．高等学校の地理の教材では，シリコンプレーン（テキサス州ヒューストン），シリコンデザート（アリゾナ州フェニックス），シリコンマウンテン（デンバー），シリコンフォレスト（シアトル），シリコンアレー（NY）などが挙げられている．

※
ゴールドラッシュについては『人文地理学』第3章を参照．

図 17-4　パロアルト近郊にあるスタンフォード大学の正面
（スタンフォード大学 HP）

図 17-5　パロアルトにあるヒューレット・パッカードの
創業ガレージ（ヒューレット・パッカードの HP）

を狙って多くの人々が，この地になだれ込んだのである。

　そのうちの 1 人がアメリカ東海岸から移住したリーランド・スタンフォード（1824- 1893 年）である。彼は，ゴールドラッシュで集まってきた人々を相手に雑貨業で財を成して実業家として成功し，その後，北アメリカ初の大陸横断鉄道に着手したセントラルパシフィック鉄道の創業に関わった。不幸にも彼の息子は 15 歳という若さで亡くなり，スタンフォードは息子の供養のため，またこれからの若者のためにと，1891 年に自分の所有地であった牧場に学校を建てた。これが後にアメリカ名門大学の最高峰の 1 つと称されるようになったスタンフォード大学である（図 17-4）。20 世紀に入ってからはスタンフォード大学の発展とともに，この地に優秀な技術者が輩出されるようになった。

　大恐慌が襲った 1930 年代に，今日の産業集積形成の萌芽がみられる。アメリカ経済の混乱とこの地域の沈滞を憂いたスタンフォード大学教授のフレデリック・ターマンは，当時学生であったヒューレットとパッカードに出会い，大学の研究施設を彼らに使わせて，彼らの研究をサポートした。その後，1939 年に彼らは無線発信機開発のベンチャー「ヒューレット＝パッカード」をガレージで創業することとなり，呼応するように電子・通信などの会社が現れた。そして，第二次世界大戦がサンタクララ郡にとって大きな曲がり角になった。サニーベール市の湾沿いには海軍航空基地のモフェット・フィールド，対岸のオークランドやリッチモンドには軍事関連施設ができ，サンタクララ郡の缶詰やトラクター工場は軍需工場に転換，太平洋に出陣する大量の兵士などで人口が急増した。

　第二次世界大戦のとき，アメリカ軍はドイツ軍の高性能レーダーを解析するための研究所（Harvard Radio Research Lab）をハーバード大学に設立した。この Lab の責任者が先のターマンであった。彼はスタンフォード大学から東海岸に移り，アメリカ国防総省が中心となってハーバード大学やマサチューセッツ工科大学（MIT）に潤沢な資金を提供する軍産複合体のような研究開発の体制に大いに刺激を受けたとされる。

　大戦終了後，ターマンはスタンフォードに戻り，Electronics Research Lab を創った。そこでマイクロ波の研究を進め，朝鮮戦争時には，アメリカ国家安全保障局（NSA），中央情報局（CIA），海軍，空軍の主要研究パートナーを務めるほどになり，莫大な研究開発費用を獲得できるようになった。スタンフォード大学の産学連携の積極的な貢献はこの頃を端緒としており，ターマンはこの期のキーパーソンの 1 人であった。スタンフォード大学の興隆とともに，サンタクララ・バレーはその時代ごとのハイテクビジネスを核としたシリコンバレーへと進化していく。

※
ホームステッド法とは自営農地法とも訳され，ミシシッピ川以西で 5 年間，公有地を開拓した者に 160 エーカー（約 65ha）を無償支給するという内容であった．この法律で，農民の西部移動が促進され，西部開拓が進むこととなった．ミシシッピ川の流域については第 20 章を参照．

4. シリコンバレーの発展

　第二次世界大戦の前後において，スタンフォード大学出身の技術者がヒューレット・パッカードなどのエレクトロニクス企業やコンピュータ企業を設立する動きがみられた。こうした起業の動きをきっかけとして，スタンフォード大学は敷地の一部に工業団地（スタンフォード・インダストリアル・パーク）を造成し，そこに新技術の企業を積極的に誘致するようになったのが産業集積のはじまりともいわれている。以下，シリコンバレーの発展について，第二次世界大戦後から現在までいくつかの期に分けてそれぞれの時期の特徴をあげる。

　第1期は，戦後から1960年代である。シリコンバレーの戦後は電子通信技術を核としたディフェンス・ビジネス（防衛産業）が中心であった。

　そのなかで，東海岸のベル研究所でウィリアム・ショックレー氏らのグループが1948年に世界初のトランジスタを開発した。ショックレーはカリフォルニア出身で，故郷近くのパロアルトに戻り，1955年に「ショックレー半導体研究所」を設立した。優秀な人材を抱えたこの会社は順調に見えたが，我の強いショックレーのやり方に反発して研究員8人が造反し，フェアチャイルド社を起こした。この8人は「8人の反逆者（traitorous eight）」といわれ，その後，集積回路を考え出したロバート・ノイス，半導体技術のロードマップである「ムーアの法則」を提唱したゴードン・ムーア，ハンガリー移民のアンドリュー・グローブの3人がフェアチャイルドからスピンアウトし，1968年に創った会社が現在半導体最大手であるインテル社である。この時期に半導体産業の設計や製造の拠点が立地し，集積回路などの生産が盛んになった。

　最初にこの地を「シリコンバレー」と呼んだのは，ドン・ヘフラーと言われている。彼はフェアチャイルドの元広報マンで，その後ジャーナリストに転身した。彼が1971年1月11日に「エレクトロニック・ニュース」という新聞で，"Silicon Valley U.S.A."という題名の記事を書いたのが発端で，そこから徐々に「シリコンバレー」という言葉が広く使われるようになっていったと言われている（図17-6）。

　第2期は1970年代から80年代である。この期は日本の半導体産業が急成長して，シリコンバレーは一時不況であった。また，PCビジネスが本格的に立ち上がったころでもあり，パロアルト研究所（PARC）に参加していたアラン・ケイが，現代のノートパソコンの概念を発表したのは1972年である。同じPARCでは，Macの原形となった「アルト（Alto）」が開発されており，これをひと目見て惚れ込んだのがスティーブ・ジョブズであった。民生用の半導体とコンピューターが主役になっていった時期でもある。

　第3期はインターネット時代である。1985年にハーバード大学の学生であったビル・ゲイツがWindowsを発表し，アメリカ国防高等研究局（DARPA）の軍用ネットワークであったWorld Wide Webが民間へ開放され

図17-6　エレクトロニック・ニュースの記事
（1971年1月11日号）

た。これを機に1990年代以降，本格的なインターネット時代が始まった。1994年にネットスケープ社が設立され，翌1995年にはポータルサイトのYahoo!，1998年には検索エンジンのGoogleが設立された。シリコンバレーの主戦場は半導体の設計やソフトウェア開発からインターネット関連技術の開発へと移っていった。インターネットの成長と軌を一にして，この期以降，金融の自由化によって投資マネーが急増してベンチャービジネスに流れ込んだことも特徴であった。ベンチャーキャピタル投資に支えられてIPO（新規株式上場）企業が増え，若くして億万長者になったエンジニアが続出するようになった。

5. シリコンバレーの競争優位性

　1980年代後半以降，シリコンバレーは競争力のある産業集積の例として世界的に注目されてきた。サクセニアンの名著である『現代の二都物語』では，アメリカ東海岸のルート128地域と比較して，西海岸のシリコンバレーの強みを詳細に考察している。シリコンバレーの有力企業のほとんどは，スピンオフ起業や産学連携ベンチャーの形で生まれたハイテクベンチャービジネスであり，常に時代を先取りするイノベーションを指向している点に特徴がある。

　シリコンバレーの強みとして挙げられるのは以下の点である。①アンカー機関としてスタンフォード大学などの存在，②理工系人材のプール，③ベンチャーキャピタルや個人投資家などの金融インフラ，④ビジネス支援のネットワーク，⑤起業家精神を後押しする風土，などである。シリコンバレーは半導体産業をベースに様々な技術と産業により発展してきたが，ソフトウェアやインターネットへ軸足を移しつつ，画期的なイノベーションが継続的に起こり，新技術を素早くビジネス化するシリコンバレー特有の地域産業システムが進化してきた。

　こうしたシリコンバレーの優位性は，世界中から優秀なエンジニアやサイエンティストを引き寄せ，シリコンバレーを中核地（ハブ）とするグローバル・ネットワークへと発展している。近年，この地のイノベーションの中心的担い手は，中国やインドを中心としたアジア系となっている。アジア系の起業家や技術者などがシリコンバレーと母国を「頭脳還流」することによって，アジア各地のハイテク産業集積の発展とも深く関わっている。

6. シリコンバレーの今

　図17-7は，毎年シリコンバレー協会が更新しているデジタルマップの2022年版であり，この地域を代表する企業のロゴがデフォルメされた地図に記載されている。シリコンバレーの歴史はまだ半世紀を少し過ぎたところではあるが，産業構造を大きく変えるようなイノベーションを継続的に起こしている。現在はインターネット時代の次を見据えて，クリーンテック・ビジネスから人工知能まで最先端領域の挑戦が続いている。

　シリコンバレーが常に耳目を集めるのは，技術のトレンドや景気動向に適応しながら進化しているからである。2000年にITバブルが崩壊した後，多くのITエンジニ

図 17-7　シリコンバレーマップ（Silicon Maps）

アが職を失ったが，その一部は当時勃興し始めていたバイオやグリーンテックなどの分野においてデータベースや分析系の要員を必要とする企業に移籍した。カリフォルニア大学サンフランシスコ校（UCSF）は，医学部の大学院で構成されるバイオの技術開発で知られ，そこを軸に多くのバイオ企業が創出している。シリコンバレーの北部にあるサウス・サンフランシスコ市や湾の一番奥にかかるダンバートン橋を渡った対岸には，多くのバイオ企業が集積している。このように人材の流動性の高さや，次世代の新しいビジネス領域への絶え間ない参入も魅力の1つである。

　半導体設計やソフトウェア開発を基軸として，インターネットやアプリケーションの各種技術開発にも広げながら，シリコンバレーはますます発展している。半導体のシリコンを応用したソーラーパネル，再生可能エネルギーなどグリーンテックの制御技術，テスラ（Tesla）に代表される電気自動車（EV）のソフトウェア開発，人工知能（AI）開発など，シリコンバレーは次のイノベーションを生み出すべく加速化している。

（近藤章夫）

高所より都市景観を眺め，歩いて都市内部構造を認識する．

18　アジア・大都市の発展と環境問題

1. アジアにおける大都市の発展

　世界の大都市において人口総数が上位となるのは，東～東南アジアに分布している。総務省統計局による『世界の統計2019』で主要都市人口を順位別にみてみると，ジャ

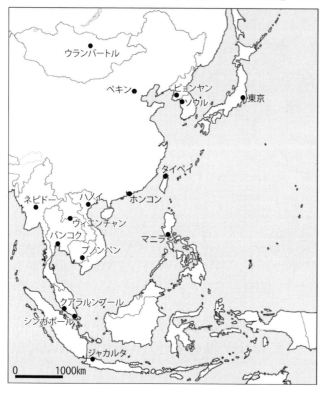

図18-1　東～東南アジアにおける大都市（首都）の分布

カルタが10位で1019万人，ソウルが12位で978万人，東京が15位で927万人，バンコクが22位で831万人と上位の大都市が並んでいる。かつては欧米の大都市が都市規模においても先に増加していたが，第二次世界大戦以降はアジアを含む発展途上国において大都市が分布する傾向にある。

　これらの大都市の多くは各国の首都であり，海岸部に立地することから政治的機能に加えて経済的機能を兼ね備えている（図18-1）。大都市への発展過程において，人口の大規模な集住を経験してきており，交通の利便性や産業立地の優位性が大都市への成長に寄与している。

　しかし近代以降の歴史を眺めてみても，それぞれの国の歴史は様々な展開をみせている。欧米の植民地として始まった都市もあれば，独立を維持してきた都市もある。さらには人口増加や経済発展の歴史においても，先進国から途上国へと歴史的な時期の差異がある。都市への人口の集中は都市問題を発生させ，工業化による汚染物質の放出は環境問題を生じさせることもある。アジアの大都市の発展を地誌の事例として，都市化や経済成長，そして環境問題を理解してみよう。

※
都市については
『人文地理学』の
第9章と第10章
で扱っている．

2. アジアの大都市における都市化と経済成長

　都市が発展していく場合，人口の増加や経済活動の活発化に加えて，景観の変化からも理解することができる。例えば港町や城下町といった都市の中心部である繁華街から都市の外部に向かって拡大していくと，農地が住宅地や道路となり，都市的土地利用へと変化していく。あるいは都市の中心部で高密度な土地利用を目指そうとすると，高層建築物の建設による立体化も生じる。地上からは目には見えないが，地下鉄

※
各都市の現在の様
子については，地
図や空中写真の
ウェブサイトで確
認できる．

や地下街の建設も都市化とかかわってくるだろう。

　図18-2のように，韓国のソウルでは高層建築物が増えていくとともに，空港から都心部への高速鉄道の建設に伴って駅のリニューアルや駅周辺地域の再開発が進められた。都市の拡大は人口分布を変容させ，ドーナツ化やスプロール化をもたらせる場合もあるが，近年では郊外の庭付き一戸建て住宅よりも，買い物や交通機関において利便性の高い都市中心部の高層集合住宅への人口の都心回帰が認められる。

　都市の経済成長において生産活動に大きく貢献した工場も，かつての都市周辺部の臨海地域や川の沿岸での立地から，沿岸の埋立地や内陸の工場団地への立地傾向を変化させている。商業も同様の立地変化があり，駅前の商店街が衰退し，大容量の駐車場を有する郊外の大規模小売店への主要な買い物先は移り変わっている。

　それぞれの時代において合理的な土地利用や居住地選択の結果として表出してきた都市の景観は，ある程度の完成形に到達しつつあるかもしれない。しかし都市の再開発をはじめ，景観変化は留まることなく新たな様相を見せている。さらに，都市の開発の結果として，可視不可視にかかわらず大気や水質の汚染をもたらすこともある。

3．巨大都市における環境問題の発生

　バンコクはチャオプラヤ川沿岸に都市域が広がり，かつては縦横無尽に運河網が張り巡らされた水辺都市であった（図18-3）。タイ国内では同規模の都市はなく，典型的なプライメートシティとして，地方の農村部をはじめとして首都への人

図18-2　ソウルの都市景観－駅前の高層ビル群－
（2009年撮影）

図18-3　バンコクの都市景観－運河網と高層ビル－
（2009年撮影）

図18-4　ジャカルタの都市景観－都心部の高層ビル群－
（2008年撮影）

図 18-5　マニラの都市景観－高層ビルと低層建物の混在－
（2008 年撮影）

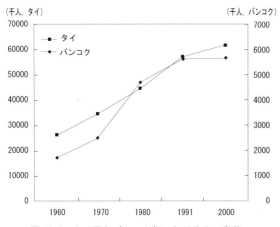

図 18-6　タイ国とバンコク都における人口動態
（バンコク都の資料により作成）

口移動による人口増加などによって都市域が拡大した。同時にモータリゼーションによる道路網の建設が進められたため，交通手段として不要となった多くの運河は埋め立てられ，景観は一変した。部分的に残っている水上マーケットも，観光客向けのサービスへと変容している。

　ジャカルタはオランダの植民地期に港町から発展し始め，河川沿いに内陸部へと都市を拡大させた（図 18-4）。ジャカルタの周辺は平野が広がっているため，郊外の都市群を含めてジャボデタベック（ジャカルタ＋ボゴール＋デボック＋タンゲラン＋ブカシ）というメガロポリスを形成している。高速道路によって空港や郊外都市が結ばれるとともに，工場団地群も点在している。

　マニラも植民地期に都市の起源をもつ（図 18-5）。都市の中心部はイントラムロスというかつての海や川と城壁に囲まれた場所であり，そこから外延部へと都市が拡大してきた。現在ではマニラ中心部のマニラ市よりも，郊外に位置するケソン市の方が人口規模は大きい。さらに高速道路や高架鉄道によって結ばれた郊外都市群の開発が進められている。

❋
図 18-2 〜図 18-5 から，各都市の都市問題を考えてみよう．

❋
様々な都市の立地にかかわる，平野の自然地理的基盤については，『自然地理学』第 6 章を参照．

❋
自然環境と土地利用の関係については，『自然地理学』第 5 章や，『人文地理学』第 11 章を参照．

　このようにバンコクやジャカルタ，マニラも巨大都市への成長したのだが，東京やソウルと同様に都市における環境問題が発生している。都市の環境問題の発生過程を，バンコクにおける土地利用変化や人口の推移（図 18-6）から確認してみよう。

　バンコクとその周辺部における 1950 年代とその約 50 年後である 2000 年頃の都市的利用の分布をそれぞれの時期に発行された地形図の土地利用分類で比較してみると，1950 年代にはまだ都市域の範囲が狭かったことを確認できる。この 50 年間における都市化に大きく寄与したのは人口増加である。図 18-6 からは，タイの国全体の人口とほぼ同じような傾向で，バンコク都の人口が増加していることを理解できる。とくに注目してもらいたいのが，バンコク都の 1970 〜 1980 年の人口急増と 1991 〜 2000 年の人口停滞である。人口急増期には工業化とともに，都市の環境問題が目立ち始める。人口停滞期は，バンコク都よりも外延部の郊外での人口増加が影響している。都市内人口は安定するとはいえ，郊外への人口移住とともに環境問題も広域化する。

4. 都市環境問題の解決に向けた環境政策

　日本の高度経済成長期における公害問題のように，東〜東南アジアの大都市も環境問題を経験してきている。人口増加や経済成長の速さに，環境問題対策が追い付いていけなかったという構図も似ている。しかし，欧米の都市化・工業化に対して日本が同じような変化を経験した期間の短縮と同様に，後発国として都市問題対策や経済政策に加えて，環境政策も比較的短期間で実施されていくようになる。

　表 18-1 で，各都市における大都市化の契機となった出来事と環境政策の実現を年表化した。大都市化は人口増加や経済規模でも測れるかもし

表 18-1　各都市における大都市化から環境政策への年表

年	大都市化	環境政策
1943	東京都	
1968		⇒日本　公害対策基本法
1971		環境庁
1995		環境基本法
2001		環境省
1949	ソウル特別市	
1978		⇒韓国　環境保全法
1980		環境庁
1975	バンコク都	
1975		⇒タイ　国家環境質向上法
1976		国家環境委員会
1974	ジャカルタ（地方自治法で規定）	
1978		⇒インドネシア　環境部局
1982		環境基本法
1976	メトロ・マニラ広域都市圏	
1977		⇒フィリピン　環境法
1987		環境天然資源省

（各国政府の環境政策資料より作成）

れないが，政策という観点から大都市圏行政へと移行したととらえられる時期を設定した。当然のことながら国によって政治体制が異なるため，同じ指標では測れない。ただし巨大都市への政策は大都市圏レベルの空間的範囲を考慮しなければならないのは，共通するだろう。

　いずれの都市においても，環境政策が制度と組織の両面で進められてきたことがわかる。いくら法律を整えても行政組織が規制を施策として実行しないと，環境問題の解決にはつながらない。都市化や工業化の時期や速度が異なるとはいえ，巨大都市の環境問題に対して，国の施策が似たような展開を示してきている。

　都市の景観と違って環境政策による変化は，なかなか見出しにくいかもしれない。注意深く都市を観察すると，臨海部が工業地帯から住宅地や商業地区へ，川の沿岸部が環境問題発生地から親水空間へと変容してきたことを読み取れるのである。

5. 環境史としてみた都市と人々の変化

　都市の景観や歴史から，各都市の特徴を理解することができる。地誌学は地図の変遷や過去の写真あるいは歴史的資料によって，都市の変化を読み解くことへの導入として用いることができるだろう。さらにそこで暮らしてきた人のライフヒストリーや地域社会での活動の積み重ねからも，各都市を比較地誌的な観点から理解することができる。メガシティとして称されるようになった都市も各地域の 1 つの事例として，地球規模から地域規模に至るまで環境史として眺めていくことが，歴史的経験を学ぶとともに将来の環境問題対策につながることになるだろう。

（香川雄一）

※ 環境政策には国際的な条約や国内の法制度がある。地球規模と地域規模の環境政策はなぜ違うのだろう。

自然環境と人間社会との相互依存関係から地域をとらえる

19 ブラジルにおける自然環境の開発史

1．人と自然のかかわりからみたブラジル

自然環境は人間社会の基盤である。私たちは，自分たちが暮らす場所の自然環境に様々な工夫を施して適応したり，食料や資源を得るために働きかけて利用したりして，地域ごとに特色のある生活文化を営みながら社会を発展させてきた。こうした自然環境と人間社会との相互作用から地域をとらえることは，世界の多様な生活文化や人間社会の理解を目指す地誌学において重要な視点の1つである。

ブラジルは，植民地時代から現在にかけて，その豊かな自然環境を利用しながら，めざましい発展を遂げてきた。その一方で，自然環境は断続的に破壊されてきており，その保全や持続可能な開発が課題となっている。本章では，産業の発展と自然環境の破壊の歴史を関連づけて紐解き，人と自然のかかわりという視点からブラジルの理解を進める。

2．ブラジルの概要

ブラジル連邦共和国は南アメリカの大国であり，面積（約850万 km^2）と人口（約2.1億人）はいずれも南アメリカのおよそ半分を占めている（図19-1）。ブラジルのGDP（国民総生産）は1.61兆US ドル（2021年）の世界第12位で，2000〜2010年には経済成長が著しく，中国，インド，ロシアと共にBRICsと呼ばれる新興国となった。ただし，1人当たりGNI（購買力平価ベース）は14,153 US ドルで，同じ南アメリカのチリやウルグアイより少なく，また国内の所得格差や地域間の経済格差が大きいという課題も抱えている。ブラジルの主要な貿易相手国は中国とアメリカ合衆国で，大豆・牛肉などの農産物や鉄鉱石・原油などの資源の一次産品のほか，乗用車や航空機などの工業製品が主要な輸出品である。

ブラジルは日本とのつながりが強い国の1つである。1908年から第二次世界大戦後にかけて日本から多くの移民を受け入れ，現在では150万人以上の日系人がブラジル各地で暮らしている（丸山 2010）。日本では「出入国管理及び難民認定法」が1990年に改正されたことで，多くの日系ブラジル人が"出稼ぎ"に来ており，日本でも彼らと接する機会は多くなった。

一方で，地理的に遠く離れたブラジルの情勢についてメディアで取り上げられることは少な

図 19-1　ブラジルの位置

く，また，中学校や高等学校の地理の授
業の中でブラジルをはじめとした南アメ
リカが扱われる時間は，他の地域と比較
して短いことが多い。2014年のサッカー
W杯や2016年のリオデジャネイロでの
夏季オリンピックなどで身近になりつつ
あるものの，ブラジルについて知られて
いないことも未だに多いのが現状であ
る。

3. ブラジルの豊かな自然環境

　安定陸塊（安定大陸）に位置するブラ
ジルの広大な国土は自然環境が豊かで，
様々な側面から人々の生活や社会経済活
動を支えている。

図19-2　ブラジルにおける生物群系（バイオーム）の分布（吉田2013）

　ブラジル国土の大半を占めるブラジル高原には，北西部および東～南東部に楯状地
が分布し，鉱物資源が多く産出される。特に，ブラジル高原南東部の「鉄の四辺形地
帯（Quadrilátero Ferrífero）」と呼ばれる地域では，大規模な露天掘りの鉄山が分布し
て鉄鉱石の産出量が多く，ブラジルは世界有数の鉄鉱石の輸出国となっている。また，
ブラジル高原では一年中暖かい気候や肥沃な土壌を活かした農牧業も盛んである。ブ
ラジル高原南部を占めるパラナ堆積盆地には肥沃なテラローシャが分布し，世界最大
の生産量を誇るコーヒーの栽培を支えている。

　ブラジル北部のアマゾン川流域は堆積盆地（卓状地）であり，広大な平坦地に熱帯
雨林が分布する。ブラジルにはこのアマゾン熱帯雨林をはじめ，大西洋岸森林（マタ・
アトランチカ），セラード，カーチンガなど，固有種を多く含む生物多様性の高い特
徴的な生物群系（バイオーム）がみられ，生物資源も豊かである（図19-2）。

4. 産業の発展と自然環境の破壊（図19-3）

　ブラジルでは，植民地時代からこうした豊かな自然資源を利用した産業が発展し，
新しい産業が興り，それが下火になると次の産業が興るといったブームとバーストを
繰り返してきた（松本2012）。このブームとバーストによる産業サイクルの歴史は自
然環境の破壊と表裏一体となっており，これらの歴史をたどることが現代のブラジル
を理解する上での重要な視点となる。

　植民地時代当初のブラジルにおける主要な産業は砂糖であった。ブラジル北東部の
大西洋岸は，卓越する偏東風がブラジル高原にぶつかって生じる地形性降雨のため年
間を通じて降水量が多く，熱帯雨林である大西洋岸森林（マタ・アトランティカ）が
広がっていた。サトウキビ栽培は，この湿潤な気候を活かして1530年代に始められた。
サトウキビの栽培地はブラジル北東部の海岸沿いに急速に拡大し，また砂糖生産のた
めの燃料として木材が利用されたことも加わり，この地域の大西洋岸森林は破壊され

※
安定陸塊（安定大
陸）：大陸地殻の
うち，先カンブリ
ア時代に形成さ
れ，古生代以降は
造山運動などがあ
まりなく，安定し
た部分を指す。

※
楯状地と卓状地：
楯状地は安定陸塊
の基盤岩が露出
し，長期の侵食作
用によって平坦化
されたなだらかな
丘陵・高原であり，
卓状地は基盤岩の
上を古生代以降の
堆積岩が覆ってい
る地域のこと。

※
テラローシャ：間
帯土壌の1つで，
ブラジル高原南部
の玄武岩や輝緑岩
が母材となった赤
紫色の土壌であ
る。土壌について
は，『自然地理学』
第4章も参照の
こと。

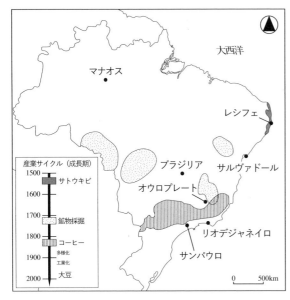

図 19-3　主要な産業サイクルが見られた地域
（ダベーヌ・ルオー 2019 より作成）

図 19-4　オリンダ歴史地区（世界文化遺産）（2015 年撮影）
オリンダはレシフェの北に位置し，ポルトガルがブラジルに
建設した最初の植民地である.

ていった。砂糖産業は 16 〜 17 世紀にかけて北東部を中心に著しく発展し，ブラジルは世界的な砂糖の生産地となった。

ヨーロッパへと向かう砂糖の集散地や積出港として，北東部の大西洋岸にはサルヴァドール（バイア州）やレシフェ（ペルナンブコ州）などの都市が発展し，サルヴァドールにはブラジル領総督府が置かれて，植民地の首都機能を担った。これらの都市には当時の面影を残す歴史地区があり，世界文化遺産として観光地になっている（図19-4）。また，ブラジル北東部では，踊りのサンバや格闘技のカポエイラなど，サトウキビ栽培の労働者として奴隷貿易により連れてこられたアフリカ系住民たちの影響を受けた文化を見ることができる。北東部を中心とした砂糖の産業サイクルは 17 世紀半ば以降に衰退するものの，この地域では現在もサトウキビ栽培が行われている。

砂糖に代わり，次の産業サイクルとなったのは金やダイヤモンドといった鉱物資源であった。17 世紀末にブラジル南東部の内陸にあるオウロプレート（ポルトガル語で「黒い金」という意味）で金鉱が見つかり，金を求めて多くの人が押し寄せる，いわゆるゴールドラッシュが起きた。オウロプレートのあるミナスジェイラス州では多量の金が採掘され，ポルトガル本国に運び

出すための港となった隣州のリオデジャネイロは大きく発展した。

1763 年には，植民地の首都がそれまでのサルヴァドールからリオデジャネイロに移されて，ブラジルの政治経済の中心は北東部から南東部へと移動した。ミナスジェイラス州やリオデジャネイロ周辺では，集まった人々に供給する食料などを生産するための農牧業も発展し，この地域に広がっていた大西洋岸森林は開発されて農地や牧草地へと置き換えられていった。金鉱はマトグロッソ州などでも見つかり，内陸部へと拡大したが，やがて資源が枯渇して，この鉱物資源のサイクルは 18 世紀末には終わった。

現在もブラジルの主要な農産物であるコーヒーの産業サイクルは 18 世紀から 1930 年代にかけてみられた。ヨーロッパや北アメリカでの消費拡大を背景に，コーヒーの生産と輸出がブラジルの基幹産業となり，この時期の経済成長を支えた。コーヒー

の生産はまずリオデジャネイロ付近より始まり，その後，大西洋岸森林を切り開きながら，栽培に適した土壌であるテラローシャが分布するブラジル南東部のサンパウロ州やパラナ州北部へとコーヒーの栽培地は急速に拡大した。当初，コーヒー生産の労働力はアフリカ系住民の奴隷によってまかなわれていたが，1888 年の奴隷制度廃止後はヨーロッパからの移民により補われた。1908 年に始まった日本からの移民の多くも，コーヒー農園の契約労働者として働いていたことがよく知られている。コーヒーの集散地となったサンパウロは世界的な大都市へと成長し，またコーヒーの積出港となったサントスとの間に鉄道が敷設されるなど，コーヒーの産業サイクルはブラジルの近代化に大きな影響を及ぼした。

図 19-5　大西洋岸森林（マタ・アトランティカ）における森林破壊（WWF の資料などにより作成）

　ここまでに述べた 20 世紀初頭までの国家形成や経済発展を支えた産業サイクルは，ブラジルの北東部から南東部の大西洋沿岸を主な舞台としてきた。ヨーロッパ人が到達する以前にこの地域は先住民の人口密度が低く，原生に近い大西洋岸森林に覆われていたと考えられる。産業サイクルはこの森林を大規模に開発することにより進められたのである。精力的な開発の結果，現在の大西洋岸森林はかつて占めていた面積の 7 % 程度しか残されておらず（Tabarelli et al. 2005），ほとんどが失われてしまった（図 19-5）。破壊的な開発の一方で，ブラジル大西洋岸には人口が集中し，多くの大都市が形成された。特に，鉱物資源やコーヒーなどの産業サイクルにより発展した南東部は，第二次世界大戦後の工業化も担うこととなり，現在のブラジル経済の中心地となっている。

　南東部を中心として工業化が進められる中で，20 世紀後半以降には内陸部を舞台とした産業サイクルが起きている。現在まで続くサトウキビと大豆の生産拡大によるブームである。サトウキビはかつての砂糖生産のためではなく，バイオエタノールの需要の高まりに対応したもので，南東部の内陸で生産量が著しく増加した（丸山 2012）。ブラジルの自動車はガソリンとエタノールの両方を燃料として利用できるフレックス車が主流であり，このことがバイオエタノールの需要につながっている。

　大豆は南部を中心に生産されていたものが，1970 年代より始められたセラード開発とともに，内陸の中西部へと生産地が急速に拡大した（図 19-6）。2000 年代以降も，政府や穀物メジャーなどの支援を受けながら大豆生産は拡大し続け，ブラジルはアメリカ合衆国と一二を争う世界的な大豆生産国となっている。大豆の生産が拡大し，ブラジルの主要な輸出品目となる一方で，それまで不毛な地域として利用されず，原生に近い自然環境が残されていたセラードが大規模に開発されることになった。セラードは大西洋岸森林と共に世界の生物多様性のホットスポットにされるほど貴重な動植物を多く含む生物群系であるが，開発によってその半分以上が失われており，その保

※
バイオエタノール：植物起源のバイオマスから作られるバイオ燃料の一つ．サトウキビを主な原料として生産され，ブラジルではガソリンの代替燃料として利用されている．

※
セラード：ブラジル内陸部には灌木林や草原が混在したセラードが分布する．1970 年代以降，ブラジル国内外の支援を受けて精力的に開発され，現在までに多くの地域で大規模な農地や牧場に置き換えられた．

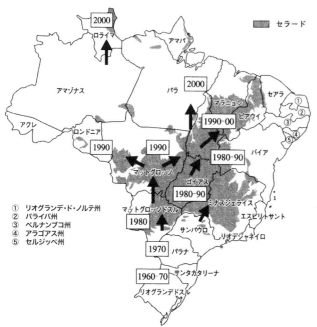

① リオグランデ・ド・ノルテ州
② パライバ州
③ ペルナンブコ州
④ アラゴアス州
⑤ セルジッペ州

図 19-6　大豆生産の拡大過程とセラードの位置
(ブラジル日本商工会議所 2005 より引用)

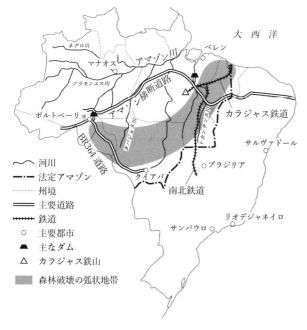

〰〰　河川
━・━・　法定アマゾン
……　州境
＝＝＝　主要道路
╫╫╫╫　鉄道
○　主要都市
▲　主なダム
△　カラジャス鉄山
　　森林破壊の弧状地帯

図 19-8　アマゾンにおける道路と弧状地帯の位置
(西澤・小池 1992 を改変)

図 19-7　アマゾナス劇場 (マナオス)
(2011 年撮影)

マナオス中心部にあり，天然ゴムブームで発展した頃のコロニアル様式の建物となっている．

全が喫緊の課題となっている (Klink and Machado 2005)。

5. アマゾン熱帯雨林の開発と保全

　アマゾン熱帯雨林は，ひとまとまりの熱帯雨林として世界最大の面積 (約 550 万 km^2) を有し，ブラジル国内にはその 6 割にあたる約 330 万 km^2 が分布する。アマゾン熱帯雨林の豊かな生物資源を利用した開発は，19 世紀後半から 20 世紀初めまでの天然ゴムの産業サイクルが始まりである。天然ゴムは，アマゾン熱帯雨林に自生するパラゴムノキの樹液を原料として生産され，アマゾン川中流に位置するマナオスは天然ゴムの集散地として栄えた (図 19-7)。天然ゴムの産業サイクルはごく短期間で終わるものの，20 世紀半ばにかけて，アマゾン川とその支流の河川沿いでは，木材利用のための森林伐採や食料生産・ジュート栽培などを目的とした農地造成などにより熱帯雨林が開発されていった。

　アマゾン熱帯雨林の本格的な開発は，アマゾン地域を貫く幹線道路 (アマゾン横断道路や BR364 号など) の建設を契機に始まる (図 19-8)。道路により広大な熱帯雨林内部へのアクセスが容易になり，幹線道路やその支線沿いでの森林伐採や農地造成

が盛んに行われた。1980 年代以降
には年間 1 〜 2 万 km^2 のペースで
急速にアマゾン熱帯林は消失して
いった（図 19-9）。2000 年代には，
アマゾン地域の南東部から南部に
かけて，肉牛生産やセラードから
拡大してきた大豆生産のための大
規模な農地造成が行われ，森林減
少が顕著な「森林破壊の弧状地帯
（Acro de Deflorestamento）」が形成
されている（図 19-8）。こうした
開発により，ブラジル国内のアマ
ゾン熱帯雨林はその 5 分の 1 以上が失われた（吉田 2013）。

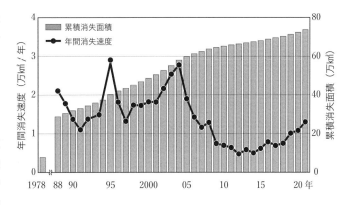

図 19-9　アマゾン熱帯雨林の消失面積（1978 〜 2021 年）
吉田（2020）の図に 2018 〜 2021 年のデータを追加した．ブラジル国
立宇宙研究所（INPE）のデータに基づき作成．

　急速なアマゾン熱帯雨林の減少は国内外からの強い批判を受けることとなり，1980
年代からアマゾン地域の自然環境保全に向けた取り組みが行われている。木材採取の
ための森林伐採を制限したり，保全地域やインディオ保護区を設置したりするなど，
積極的なアマゾン熱帯雨林の保全策が実施されてきた。また 2006 年には，大豆生産
のための新たな農地造成を制約する「大豆モラトリアム」が導入され，大きな効果を
もたらした（Gibbs et al. 2015）。こうした様々な取り組みは，2000 年代半ば以降の森
林減少の抑制につながっており，アマゾン熱帯雨林ではそれまでの無秩序な森林開発
から利用制限による管理へと人びとの自然利用のあり方が転換しつつある。ただし，
大西洋岸や南東部との地域間経済格差は未だ大きく，アマゾン熱帯雨林において自然
環境を保全しながらどのように開発を進めていくべきかが課題として残されている。

6.　ブラジルにおける自然環境の利用と持続可能な発展

　これまで見てきたように，ブラジルの国家形成や経済発展は，豊かな自然環境の大
規模な開発とともに進められてきた。ブラジル経済を支える大都市が立地する北東部
から南東部は，大西洋岸森林の開発をともなう産業サイクルによって形づくられ，ま
た内陸部での農業の発展はセラードの大規模開発によって進められた。ブラジルにお
ける産業の発展と自然環境の破壊は表裏一体となっており，ブラジルを理解するため
には，これまでの自然環境と人間社会との相互依存関係をふまえる必要がある。

　現在，自然環境の開発フロンティアはアマゾン地域にあり，アマゾン熱帯雨林の減
少は地球的課題の 1 つにもなっている。その解決のためには，単なる利用制限による
自然保護ではなく，適切な利用によって人間社会を発展させていくことも必要である。
ブラジルでは，自然環境の保全と開発の両立が課題となっており，地理的な視点であ
る人と自然のかかわりをふまえて，自然環境の適正な利用を進めていくことが，将来
の持続可能な発展の実現につながるものと考えられる。

（吉田圭一郎）

20 巨大ハリケーンに襲われた町−ニューオーリンズ，アメリカ合衆国

1. 自然災害と地誌

　近年，世界各地で大規模な「自然災害」が相次いで発生している。自然災害による被害の規模は犠牲者数だけでなく，先進国では経済面に表れる。例えば，2017年のアメリカ合衆国における自然災害による被害総額は，3060億ドル（約34兆6000億円）に達した。同年には，大型ハリケーンの「ハービー」「イルマ」「マリア」が相次いで米南部を直撃し，洪水被害が広がった。251人の犠牲者を出したほか，全米有数の石油産業の集積地が暴風雨に見舞われるなどして，2650億ドルの損失が生じた。

図20-1　ハリケーン・カトリーナによって被災したニューオーリンズ（Waltham 2005）

　こうした自然災害に対して，地誌学は何ができるだろうか。「過去は，現在・未来を知るための鍵である」という言葉がある。過去を知るということは，単に知的欲求を満たすための行為ではなく，現在・未来における我々の生き方を考えるうえで重要な作業である。地誌学は，過去から現在に至る自然と人文の諸事象の相互関係を総合的に考察し，地域的性格を究明する学問である。人と自然との関係のなかで生じる自然災害の理解には，「土地の履歴」に着目した地誌学的アプローチが有効である。また，災害後の復旧・復興事業の策定において，行政と住民の間で不要な対立を生じさせないためにも，当地において人々がどのように暮らしてきたのかという地誌学的観点は極めて重要である。

　本章では，自然災害を地誌学の文脈に落とし込んで，その構造の理解を試みる。対象とするのは，2005年に発生したハリケーン・カトリーナ（Hurricane Katrina）と，それにより甚大な人的・経済的打撃を被ったニューオーリンズ（New Orleans）である（図20-1）。ニューオーリンズは，アメリカ合衆国のルイジアナ州南部，ミシシッピデルタに位置する町である。この災害による被害額は1250億ドルとされており，アメリカ史上最悪の自然災害の1つとされている。

2. ミシシッピ川の恵みと災い

　ミシシッピ川（Mississippi River）という名称は，先住民の「大きな川」「偉大な川」を意味する言葉に由来するとされる。北米大陸最長の河川であり，本流の長さは約3780kmに達する。流域面積は約325万km²で，アメリカの31州とカナダの一部が流域内に含まれる（図20-2）。つまりミシシッピ川の集水域は，アラスカを除くアメリカの国土面積の40％を占めていることになる。本流の水源は，ミネソタ州北部のイタスカ湖周辺で標高は約450mである。支流を集めながら中央平原を貫流し，メキシコ湾に注ぐミシシッピ川の勾配は極めて緩く，大半で船舶の遡行が可能である。

　かつてミシシッピ川には，蒸気船が行き交い，河川沿いには綿花とサトウキビのプ

ランテーション，舟運に関連した港町が
連なっていた。そうした町の1つが，ニュー
オーリンズである（図20-3）。ニューオー
リンズの町の成り立ちについては，第4
節で詳述する。

　ミシシッピ川は，幾度も洪水を起こし
てきた。最大規模の被害をもたらしたも
のとしては，1927年の洪水が挙げられ
る。1926年に始まった長雨によって堤防
が100カ所以上で決壊，6〜7万km²の
土地が浸水して多大な人的・経済的被害
が生じた。また，近年は2011年，2015年，
2016年，2019年といった具合に洪水が頻
発している。2019年に起きたミシシッピ
川周辺の洪水は，19の州に影響を与え，
200億ドルの損失をもたらした。ルイジア
ナ州の一部では，史上最長となる211日間，
洪水レベルを超えたままとなり，商業航
行関連のインフラストラクチャに影響が
及び，約10億ドル相当の穀物が出荷でき
なくなった。ミシシッピ川の洪水は，集
水域の山地からの雪解け水が要因となる
ことが多く，春先に発生する場合が多い
が，近年は温暖な冬季における雨量の増
加による洪水も発生するようになった。

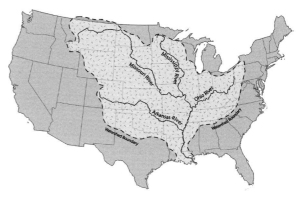

図20-2　ミシシッピ川の集水域（National Park Service HP）

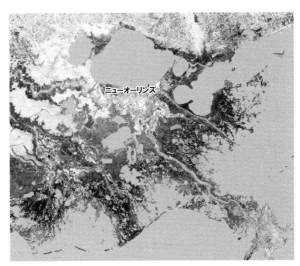

図20-3　ミシシッピデルタとニューオーリンズの位置
（NASA HP より作成）

3. ミシシッピデルタの発達過程

　高等学校で地理を学んだ読者は，「ミシシッピデルタは鳥趾状三角州である」と覚
えた記憶があるだろう。ただし，正確にはミシシッピデルタは河川が堆積域を変えな
がら土砂を充填して形成された複合的なデルタ（三角州）であり，鳥趾状なのはその
一部に過ぎない（図20-4）。ちなみに鳥趾状三角州は，河川の土砂供給量が多く，堆
積場となる海域で沿岸流の影響が小さい場合に形成される。

　ミシシッピ川に沿って蓄積された堆積物は約6万500km²に及ぶとされており，中
流部のテネシー州メンフィス付近では層厚10mに満たないが，ルイジアナ州最南端
のデルタ地帯では100m近くもある。集水域から臨海部に大量に供給される土砂と，
静穏なメキシコ湾という条件の下で，ミシシッピデルタは発達した。7500〜5000年
前までにはデルタの西側が主に形成され，以後，土砂の堆積場は様々な方向へと移動
した。ニューオーリンズの町は，4000年前以降に形成が始まり，その後も発達を続
けてきたデルタに位置する。地質学的スケールからすると，ニューオーリンズはごく

※
蒸気船の水先案内
人であったマー
ク・トウェインは，
19世紀における
ミシシッピ川周辺
の生活を『トム・
ソーヤーの冒険』，
『ハックルベリー・
フィンの冒険』な
どに記した．

※
沖積平野について
は『自然地理学』
第6章を参照の
こと．

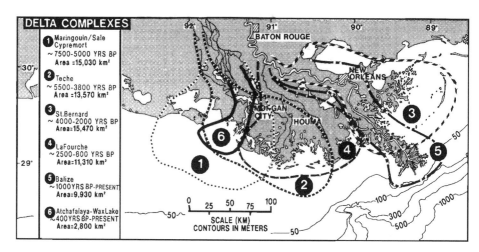

図 20-4　ミシシッピデルタの発達過程 （Roberts 1997）

最近形成された地形上に広がった町であるといえる。

4. ニューオーリンズの成り立ち

　ニューオーリンズといえば，ジャズ（jazz）。かの有名なジャズ・トランペット奏者，ルイ・アームストロングはニューオーリンズ出身である。そして，ガンボ・スープに代表されるケイジャン料理やクレオール料理。瀟洒な建物の脇で軽快なジャズのメロディが鳴り響き，どこからともなくスパイスの香りが漂う，そのようなイメージの町である。この魅力的な町の成り立ちについて，触れておこう。

　ニューオーリンズの歴史は，1718 年にフランス人入植者がミシシッピ川の左岸に「ヌーヴェル・オルレアン（新オルレアン）」を建設したことから始まる。ヌーヴェル・オルレアンは，ミシシッピ川とメキシコ湾を結ぶ港町として誕生した。なお，当地はミシシッピ川の河口から約 180 km 上流にあたるが，これより下流は低湿で港の建設が難しかったとされている。

　1763 年，アメリカ植民地をめぐる戦争でイギリスに敗れたフランスは，仏領ルイジアナのミシシッピ川以東をイギリスに，ヌーヴェル・オルレアンを含むミシシッピ川以西をスペインに割譲する。しかし，スペインは仏領ルイジアナをフランスに返却する。その後，アメリカ大統領のトマス・ジェファーソンは，仏領ルイジアナの一都市であったヌーヴェル・オルレアンの買収をフランスに提案した。この交易都市の発展性に目を付けたからである。しかし，フランスのナポレオン 1 世はこの申し出に対して仏領ルイジアナ全域の売却を持ちかけ，1803 年，アメリカはわずか 1500 万ドルで仏領ルイジアナを手に入れた。そして，ヌーヴェル・オルレアンはニューオーリンズと名前を変えた。

図 20-5　フレンチ・クオーター（山口智子撮影）

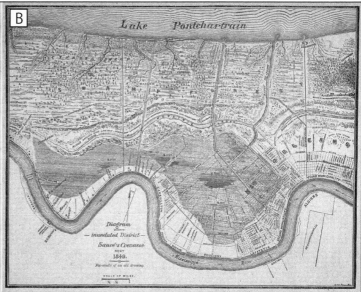

図 20-6　ヌーヴェル・オルレアン（ニューオーリンズ）の拡大過程（A：1798 年，B：1849 年）
A: The Historic New Orleans Collection, Gift of Mr. Irving Saal, 1959.81.2
B: The Historic New Orleans Collection, The L. Kemper and Leila Moore Williams Founders Collection, 1950.57.34

上述したように，ヌーヴェル・オルレア
ン（ニューオーリンズ）の町づくりはミ
シシッピ川の左岸の小さな区画から始ま
る。現在，フレンチ・クオーター（French
Quarter）もしくはヴュー・カレ（Vieux
Carré）と呼ばれる地区であり，フランス
植民地帝国時代やスペイン植民地時代の建
築物が残されている（図 20-5・図 20-6）。
やがて，町は蛇行するミシシッピ川に沿う
ように広がっていく。その形態が三日月に
似ていることからクレセント・シティとも
呼ばれた。そこからヌーヴェル・オルレア
ン（ニューオーリンズ）の立地の理由がみ
えてくる。

この町の南にはミシシッピ川，北にポン
チャートレイン湖（Lake Pontchartrain）が
存在する。両者に囲まれた地域は概して低
湿であるが，ミシシッピ川沿いには自然堤
防が発達しており，周囲よりも高く，乾燥
している。当初は，そうした自然堤防上に

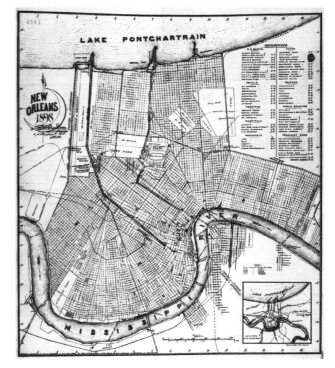

図 20-7　ニューオーリンズ（1898 年）
The Historic New Orleans Collection, 1970.21.4

町が拡大していった。しかし，1849 年の地図をみると，ミシシッピ川沿いの自然堤
防の北側に広がる後背湿地へと町が広がっていく様子が確認できる（図 20-6）。

　ニューオーリンズの町は，その後も急速に拡大していく。1898 年の地図（図 20-7）からは，ミシシッピ川とポンチャートレイン湖の間に整然とした区画が整備されたことがわかる。1849 年と 1898 年の地図を見比べると，ニューオーリンズの町の拡大の速度には驚かされる。

　ただし，ニューオーリンズを理解するには光とともに影の存在を知る必要がある。町の発展，そして郊外の大規模プランテーションの経営といった輝かしい歴史の裏には，ここが黒人差別の根源となった奴隷制度の中心地だったという事実がある。ジャズとは「ニューオーリンズにおいて黒人とヨーロッパ音楽の出会いから生まれた音楽」定義されるそうである。ケイジャン料理やクレオール料理も，異文化が出会うことによって誕生した。その「出会い」は幸福なものではなかったかもしれない。しかし「融合」の産物は，今も確かに生きている。

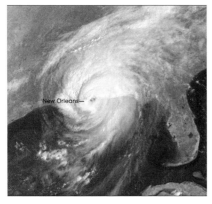

図 20-8　ハリケーン・カトリーナ
（NASA HP）

5．ハリケーン・カトリーナ

　2005 年 8 月 23 日，ハバナ南東で発生した熱帯低気圧が，翌日には中心気圧 902 hPa，中心付近の最大風速 78 m/s という史上まれにみる大型ハリケーンに発達し，カトリーナ（Katrina）と名付けられた（図 20-8）。28 日，ジョージ・W・ブッシュ大統領はルイジアナ州に非常事態宣言を発令，ニューオーリンズ市は 48 万人の市民に避難命令を出した。

　29 日，カトリーナはルイジアナ州に上陸。ハリケーン接近時の東風で吹き寄せられた海水はポンチャートレイン湖に集積，ハリケーンの通過後に湖にたまった海水が南に吹き寄せられて高潮が発生した。それにより，ポンチャートレイン湖および市内の水路の堤防が複数個所で決壊，市内の 8 割が水没した（図 20-9）。とくにアフリカ系アメリカ人が多く住むロウワー・ナインス・ワード，湖に面した高級住宅街レイクビューの各地区がとくに大きな被害を受けた。一方，フレンチ・

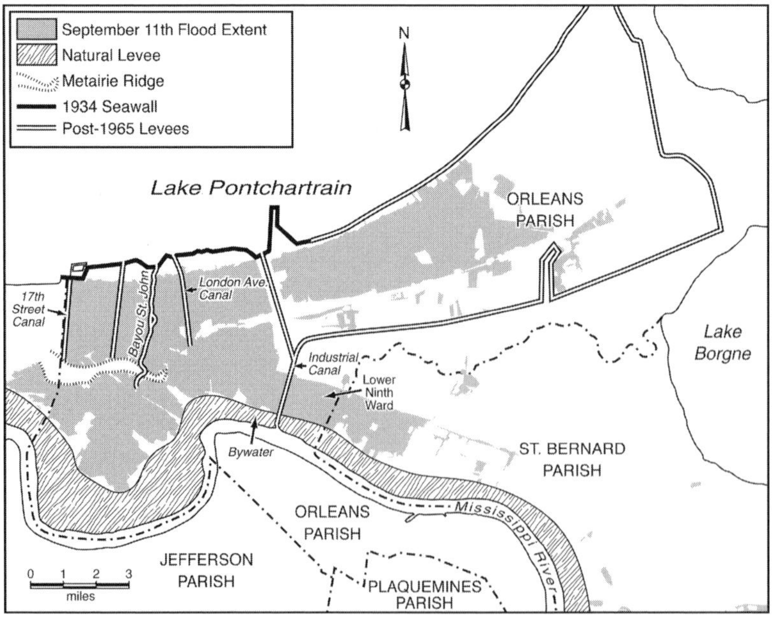

図 20-9　ハリケーン・カトリーナによる浸水域（Kates et al. 2006）

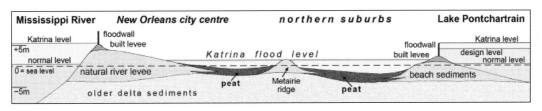

図 20-10　ニューオーリンズの地質・地形断面（Waltham2005）

クオーターをはじめとする自然堤防上の地区は浸水を免れた。カトリーナの通過後，ニューオーリンズの公共サービスは完全にストップし，市内の完全封鎖を含む緊急事態宣言が出された。

　ハリケーン上陸 2 日前から大規模な避難が始まり，上述のように上陸前日には避難命令が出されたが，移動手段を持たない人々（車を持たない黒人貧困層が多かったとされる）など 10 万人前後が市内にとどまっていた。また，避難所における備蓄材の欠乏により高齢者の衰弱死が相次いだほか，衛生状況の悪化により感染症で死亡する者も出た。その結果，ルイジアナ州における犠牲者は 1577 名にのぼった。

　ニューオーリンズの平均高度は海抜下 1.8 m である（図 20-10）。このような地形から，同市と近辺地域はしばしば大雨やハリケーンによって洪水被害にあってきた。1965年に洪水防止法が成立し，13 年計画，総事業費 8500 億ドルの堤防工事を根幹とする洪水防止事業が始まった。この事業は，当初 200 年から 300 年に一度というハリケーンの「カテゴリー 3」に耐えることを目的としていた。その後工事費の地元負担分や環境問題への対応などで，工事の大幅停滞，工事費の高騰の問題に直面し，進捗状況が災害時点で 87% と大幅に遅れていた。カトリーナ来襲時点において，125 マイルにわたる堤防工事の完成予定は 2015 年であった。

6．復興，そして現在

　避難誘導・救援の遅れとそれに伴う治安の極度な悪化については当初から様々な指摘・批判がなされていたものの，復旧・復興予算については 9 月 8 日までに 623 億ドルの補正予算が連邦議会によって承認されるなど，比較的対応は早かった。

　ルイジアナ州の復旧・復興計画は，民間人等の専門委員から構成されるルイジアナ復興委員会（LRA）が中心となり "Safer, Stronger, Smarter" というキャッチフレーズのもとに，①自律的な回復を目指す比較的短期の復旧・復興計画，②先進的な成長を促す長期の投資・成長戦略，③地域の視点に立った計画立案・実施，というビジョンに沿って，具体的な行動計画を掲げたプランが策定された。

　災害と復興において，ニューオーリンズではアフリカ系アメリカ人，ベトナム系アメリカ人などの人種と居住地をめぐる問題が顕在化した。「融合」の町は，カトリーナ以前の状況に戻りつつあるが，当地におけるレジリエンス（Resilience）とは何かという問題は残されたままである。

（小野映介）

※ ハリケーン・カトリーナによる水害は，ミシシッピ川本流の決壊によってもたらされたものではない。

※ ニューオーリンズ市の周縁部には，ベトナム戦争の難民によって形成されたコミュニティが存在する。

※ レジリエンスについては『自然地理学』第 15 章でも触れている。

引用文献・主な参考文献

〈1章〉

熊谷圭知　2019.『パプアニューギニアの「場所」の物語－動態地誌とフィールドワーク－』九州大学出版会.

手塚　章　1991. 地域的観点と地域構造. 中村和郎・手塚　章・石井英也『地理学講座4　地域と景観』107-184. 古今書院.

森川　洋　1992. 地誌学の研究動向に関する一考察. 地理科学 47-1, 15-35.

渡辺悌二・白坂　蕃編著　2021.『変わりゆくパミールの自然と暮らし－持続可能な山岳社会に向けて－』ブイツーソリューション.

BERRY, B.J.L. 1964. Approaches to Regional Analysis: A Synthesis. *Annals of the Association of American Geographers* 54-1: 2-11.

〈2章〉

朝尾直弘ほか著　2010.『京都府の歴史（第2版）』山川出版社.

尼崎博正　2013. 琵琶湖疏水で結ばれた岡崎・南禅寺界隈庭園群の成立. 奈良文化財研究所景観研究室編『京都岡崎の文化的景観調査報告書（PDF版）』161-172. 京都市文化市民局. https://kyoto-bunkaisan.com/report/tyousa01.html（最終閲覧日：2022年4月1日）

歩く京都. http://hayakawa.ws/aruku_kyoto/map/index.htm（最終閲覧日：2022年4月1日）

井ヶ田良治・原田久美子　1993.『京都府の百年』山川出版社.

奥田　賢・美濃羽靖・高原　光・小椋純一　2007. 京都市東山における過去70年間のシイ林の拡大過程. 森林立地 49：19-26.

京都岡崎コンシェルジュ「観覧車（京都市動物園）」https://kyoto-okazaki.jp/spot/2020/03/21907/（最終閲覧日：2022年4月1日）

京都市情報館「京都市三山森林景観保全・再生ガイドライン」https://www.city.kyoto.lg.jp/tokei/page/0000103346.html（最終閲覧日：2022年4月1日）

京都市都市緑化協会. 京の庭を訪ねて. http://www.kyoto-ga.jp/greenery/kyononiwa/2020/11/post_27.html（最終閲覧日：2022年4月1日）

近現代資料刊行会企画編集　2011『近代都市の衛生環境（京都編）上下水道』近現代資料刊行会.

近現代資料刊行会企画編集　2011『近代都市の衛生環境（京都編）都市計画・都市整備』近現代資料刊行会.

小林丈広　2011. 近代京都の衛生行政－一九〇〇年以前－. 近現代資料刊行会企画編集『近代都市の衛生環境（京都編）別冊［解説編］』47-59. 近現代資料刊行会.

周　宏俊・小野良平・下村彰男　2012. 日本の造園における借景という用語の性格と変遷. ランドスケープ研究（オンライン論文集）5：17-27.

奈良文化財研究所景観研究室　2013. 京都岡崎の文化的景観の構造. 奈良文化財研究所景観研究室編『京都岡崎の文化的景観調査報告書（PDF版）』186-215. 京都市文化市民局. https://kyoto-bunkaisan.com/report/tyousa01.html（最終閲覧日：2022年4月1日）

奈良文化財研究所文化遺産部景観研究室編　2020.『「京都の文化的景観」調査報告書』京都市文化市民局.

水内俊雄・加藤政洋・大城直樹　2008.『モダン都市の系譜－地図から読み解く社会と空間－』ナカニシヤ出版.

吉見俊哉　1992.『博覧会の政治学』中央公論新社（中公新書）.

JA京都. 京の産品図鑑　聖護院かぶ. https://jakyoto.com/product/聖護院かぶ/（最終閲覧日：2022年4月1日）

〈3 章〉

大谷信介・木下栄二・後藤範昭・小松　洋　2013.『新・社会調査へのアプローチ－論理と方法－』ミネ
　　ルヴァ書房.

梶田　真・仁平尊明・加藤政洋編　2007.『地域調査ことはじめ－あるく・みる・かく－』ナカニシヤ出版.

椎野若菜・白石壮一郎編　2014.『フィールドに入る』古今書院.

滋賀県立大学環境フィールドワーク研究会　2015.『フィールドワーク心得帖（新版)』サンライズ出版.

野間晴雄・香川貴志・土平　博・山田周二・河角龍典・小原丈明編著　2017.『ジオ・パル NEO　地理学・
　　地域調査便利帖（第 2 版)』海青社.

半澤誠司・武者忠彦・近藤章夫・濱田博之編　2015.『地域分析ハンドブック－ Excel による図表づくり
　　の道具箱－』ナカニシヤ出版.

〈4 章〉

浮田典良・森　三紀　2004.『地図表現ガイドブック－主題図作成の原理と応用－』ナカニシヤ出版.

谷　謙二　2022.『フリー GIS ソフト MANDARA10 入門 増補版－かんたん！オリジナル地図を作ろう－』
　　古今書院.

半井真明　2022.『まちの課題・資源を可視化する QGIS 活用ガイドブック－基本操作から実践例まで－』
　　学芸出版社.

羽田康祐　2021.『地図リテラシー入門－地図の正しい読み方・描き方がわかる－』ベレ出版.

矢野桂司　2021.『GIS: 地理情報システム』創元社.

〈5 章〉

上野和彦・椿真智子・中村康子編著　2015.『地理学概論　第 2 版（地理学基礎シリーズ 1)』朝倉書店.

熊谷圭知　2019.『パプアニューギニアの「場所」の物語－動態地誌とフィールドワーク－』九州大学
　　出版会.

熊谷圭知　2022.『つながりの地理学－マイノリティと周縁からの地誌－』古今書院.

中村和郎・高橋伸夫編　1988.『地理学への招待（地理学講座 1)』古今書院.

西川　治編　1996.『地理学概論（総観地理学講座 1)』朝倉書店.

村山祐司編　2003.『地域研究（シリーズ〈人文地理学〉2)』朝倉書店.

文部科学省　2019.『高等学校学習指導要領（平成 30 年告示)』東山書房　https://www.mext.go.jp/
　　content/1384661_6_1_3.pdf（最終閲覧日：2022 年 10 月 28 日)

矢ケ崎典隆・加賀美雅弘・牛垣雄矢編著　2020.『地誌学概論　第 2 版（地理学基礎シリーズ 3)』朝倉書店.

〈6 章〉

宇治市　2011.『宇治市文化財総合把握調査報告書 I（宇治・白川地区)』宇治市.

宇治市市民環境部商工観光課　2017.「宇治市観光動向調査報告書」宇治市市民環境部商工観光課.

ユニチカ社史編集委員会編　1991.『ユニチカ百年史』ユニチカ株式会社.

〈7 章〉

岩間英夫　1993.『産業地域社会の形成・再生論－日立鉱工業地域社会を中心として－』古今書院.

岩間英夫　2009.『日本の産業地域社会形成』古今書院.

菅田浩一郎　2019. 地域中小企業国際化の胎動と自立化－日立地域中小企業の DOI と自立化の測定－.
　　国際ビジネス研究 11-2.

中央大学経済研究所編　1976.『中小企業の階層構造－日立製作所下請企業構造の実態分析－』中央大学出版部.

寺阪昭信・元木　靖・平岡昭利編　2003.『関東Ⅱ　地図で読む百年－埼玉・茨城・栃木・群馬－』古今書院.

十名直喜　2013.　グローバル経営下のものづくりと中小企業支援ネットワーク－ひたち地域にみる企業城下町からの脱皮の創意的試み－.　名古屋学院大学研究年報 26.

日立市史編さん委員会　1994.『新修　日立市史（上巻）』日立市.

日立市史編さん委員会　1996.『新修　日立市史（下巻）』日立市.

山口恵一郎・清水靖夫・佐藤　侊・中島義一・沢田　清編　1972.『日本図誌体系　関東Ⅱ』朝倉書店.

日立市公式シティプロモーションサイト. 日立市の大煙突，すごいんです！　https://www.city.hitachi. lg.jp/citypromotion/hitachikaze/topic/001/honsugo2.html（最終閲覧日：2022 年 9 月 30 日）

〈8 章〉

石塚裕道　1991.『日本近代都市論』東京大学出版会.

礒野弥生・除本理史編著　2006.『地域と環境政策』勁草書房.

香川雄一　2010.　工場の立地と移転に見る景観の意味づけの変化. 国立歴民俗博物館研究報告 第 156 集.

島崎　稔・安原　茂編　1987.『重化学工業都市の構造分析』東京大学出版会.

嶋村龍蔵　1983.　工業地帯形成期の町村の動向について. 神奈川県県民部県史編集室編『神奈川県史各論編 1 政治・行政』神奈川県.

永井　進・寺西俊一・除本理史編著　2002.『環境再生』有斐閣.

フェーブル　1971-1972.『大地と人類の歴史』岩波書店.

古島敏雄　1967.『土地に刻まれた歴史』岩波書店.

矢ケ﨑典隆・加賀美雅弘・牛垣雄矢編著　2020.『地誌学概論 第 2 版』朝倉書店.

山本佳世子編　2010.『身近な地域の環境学』古今書院.

〈9 章〉

青森県立郷土館　2019.『ひらく つくる みのる－青森の湿地と稲作のはなし－』青森県立郷土館.

青森地方気象台. https://www.data.jma.go.jp/aomori/obs-fcst/faq.html（最終閲覧日：2022 年 1 月 29 日）

小野映介・片岡香子・海津正倫・里口保文　2012.　十和田火山 AD915 噴火後のラハールが及ぼした津軽平野中部の堆積環境への影響. 第四紀研究 51-6：317-330.

小岩直人・葛西未央・伊藤晶文　2014.　青森県十三湖における完新世の湖水成層化と地形環境. 第四紀研究 53-1：21-34.

増田公寧　2015.　青森県岩木川下流域におけるサルケ（泥炭）の利用. 青森県立郷土館研究紀要 39：63-102.

〈10 章〉

愛媛県　1993.『宇和海と生活文化』愛媛県.

西予市教育委員会　2018.『西予市文化的景観調査報告書』西予市教育委員会.

金田章裕　2020.『和食の地理学』平凡社.

〈11 章〉

上杉和央　2020.『歴史は景観から読み解ける－はじめての歴史地理学－』ベレ出版.

小野寺淳・平井松午編　2021.『国絵図読解事典』創元社.

鹿野和彦・宝田晋治・牧本　博・土谷信之・豊　遙秋　2001.『温泉津及び江津地域の地質』地質調査所.

石見銀山世界遺産センターウェブサイト．https://ginzan.city.ohda.lg.jp/（最終閲覧日：2021 年 5 月 15 日）

〈12 章〉

有珠山火山防災協議会　2021．有珠山火山防災マップ．

気象庁．有珠山　観測点配置図．
https://www.data.jma.go.jp/svd/vois/data/sapporo/112_Usu/112_kansokuten.htm（最終閲覧日：2022 年 2 月 21 日）

後藤計二　1967．『地力保全基本調査－洞爺湖畔地域－』北海道立中央農業試験場．

曽屋龍典・勝井義雄・新井田清信・堺　幾久子　1981．有珠山火山地質図．火山地質図，2，地質調査所．

伊達市経済環境部農務課．伊達市の農業．http://www.dateyasai.jp/about/about01/（最終閲覧日：2022 年 2 月 21 日）

田中　淳　2001．2000 年有珠山火山噴火災害－住民と行政の対応－．北海道開発土木研究所月報 576：24-32．

洞爺湖有珠山ジオパーク．洞爺湖と有珠山．https://www.toya-usu-geopark.org/photo（最終閲覧日：2022 年 2 月 21 日）

洞爺湖温泉観光協会．洞爺湖温泉を「知ろう」．
https://www.laketoya.com/knowledge/（最終閲覧日：2022 年 2 月 21 日）

トミヤ東宮昭彦・定池祐季・伊藤大介・渡辺真人　2009．　有珠火山－その魅力と噴火の教訓－．地質調査総合センター研究資料集 491：1-20．

名古屋大学大学院環境学研究科附属　地震火山研究センター　御嶽山火山研究施設．火山の恵み．
https://www.seis.nagoya-u.ac.jp/center/kovo/volcano/volcano7.html（最終閲覧日：2022 年 2 月 21 日）

日本地震学会　2000．有珠山噴火．日本地震学会広報紙なるふる 20：1-8．

北海道伊達市．有珠山噴火に備えて．
https://www.city.date.hokkaido.jp/hotnews/detail/00001026.html（最終閲覧日：2022 年 2 月 21 日）

水野直治・庫爾斑尼札米丁・天野洋司・南條正巳・水野隆文・吉田穂積・但野利秋　2019．北海道胆振管内における樽前山と有珠山の火山灰土と粘土鉱物の特性．農業および園芸 94-12：1068-1078．

〈13 章〉

沖縄県北大東村教育委員会編　2017．『「北大東島の燐鉱山由来の文化的景観」調査報告書』沖縄県北大東村教育委員会．

北大東村誌編集委員会編　2017．『北大東村誌』北大東村役場．

服部　敦　2018．『うふあがりじま入門－沖縄・北大東島を知る－』ボーダーインク．

平岡昭利　2012．『アホウドリと「帝国」日本の拡大－南洋の島々への進出から侵略へ－』明石書店．

平岡昭利　2015．『アホウドリを追った日本人――攫千金の夢と南洋進出－』岩波書店（岩波新書）．

平岡昭利編　2003．『離島研究Ⅰ』海青社．

平岡昭利編　2005．『離島研究Ⅱ』海青社．

平岡昭利編　2007．『離島研究Ⅲ』海青社．

平岡昭利編　2010．『離島研究Ⅳ』海青社．

平岡昭利・須山　聡・宮内久光編　2014．『離島研究Ⅴ』海青社．

平岡昭利監修・須山聡・宮内久光・助重雄久編著　2018．『離島研究Ⅵ』海青社．

柳田國男　1950．海神宮考．民族学研究 15-2：178-193（後，『海上の道』岩波文庫などに所収）．

〈14 章〉

桑木野幸次．ヨーロッパ綺想庭園めぐり 第 15 回 ヴィッラ・アドリアーナ:記憶のコレクションとしての庭園．

https://www.hakusuisha.co.jp/news/n32526.html（最終閲覧日：2022 年 2 月 4 日）

国際協力機構（JICA）．ナイル川の水利用の歴史と農業用水（前編）．

　　https://www.jica.go.jp/project/egypt/0702252/news/column/080926.html（最終閲覧日：2022 年 2 月 4 日）

近藤典生　1997.『バオバブ　ゴンドワナからのメッセージ（進化生健研ライブラリー 2）』信山社.

佐藤政良．ナイル川の水資源とエジプトの水利用．

　　http://www.jiid.or.jp/ardec/ardec54/ard54_key_note1.html（最終閲覧日：2022 年 2 月 4 日）

鈴木秀夫　1969. エチオピアの気候. 地理学評論 42-5：330-338.

高橋友佳理．「ナイルの賜物」今は昔　塩害に苦しむエジプト文明の地.

　　https://globe.asahi.com/article/12341436（最終閲覧日：2022 年 2 月 4 日）

高橋　裕　2001. 世界の河川から見たナイル川. JANES ニュースレター 11：1-7.

高宮いずみ　2006.『古代エジプト　文明社会の形成』京都大学学術出版会.

田村俊和．ナイル川とは－コトバンク.

　　https://kotobank.jp/word/%E3%83%8A%E3%82%A4%E3%83%AB%E5%B7%9D-107474（最終閲覧日：2022 年 2 月 12 日）

中島健一　1983.『灌漑農法と社会＝政治体制』校倉書房.

長谷川　精　2014. 地球史を通じた砂漠の分布と環境の変遷. 縄田浩志・篠田謙一編著『砂漠誌　人間・動物・植物が水を分かち合う知恵』東海大学出版部.

春山成子　2007. ナイル川の自然生態. 池谷和信・佐藤廉也・武内進一編『アフリカ I　朝倉世界地理講座 11』193-203. 朝倉書店.

Brown, A.G. 1997. *Alluvial Geoarchaeology: Floodplain Archaeology and Environmental Change (Cambridge Manuals in Archaeology)*. Cambridge University Press.

Butzer, K. W. 1976. *Early Hydraulic Civilization in Egypt: A Study in Cultural Ecology.* University of Chicago Press.

Camberlin, P. 2009. Nail Basin Climates. Dumont, H. J. ed. The Nile: Origin, Environments, *Limnology and Human Use* (*Monographiae Biologicae*, 89): 307-334. Springer.

Kawae, Y. and Kamei, H. 2011. Geomorphological Aspects at the Giza Plateau in Egypt during the Age of Pyramid Building. 地学雑誌 120-5：864-868.

Romeo, N.（米井香織訳）. 古代エジプトの「税を決める井戸」が見つかる. NATIONAL GEOGRAPHIC News. https://natgeo.nikkeibp.co.jp/atcl/news/16/052000176/（最終閲覧日：2022 年 2 月 4 日）

〈15 章〉

アリス・ファイアリング, パスカリーヌ・ルペルティエ著, 小口　高・鹿取みゆき監修, 村松静江訳 2019.『土とワイン』エクスナレッジ.

鳥海基樹　2018.『ワインスケープ－味覚を超える価値の創造－』水曜社.

〈16 章〉

伊藤貴啓　1999. オランダにおける干拓地の景観の形成. 地理学報告 88：45-55.

角橋徹也　2009.『オランダの持続可能な国土・都市づくり　空間計画の歴史と現在』学芸出版社.

関西大学先端科学技術推進機構地域再生センター　2012. オランダの空間計画論　その 1 干拓による国づくり. 関西大学戦略的研究基盤団地再編リーフレット 018：1-4.

佐藤弘幸　2019.『改訂新版　図説　オランダの歴史』河出書房新社.

田口一夫　2022.『ニシンが築いた国オランダ』成山堂書店.

チェスコ株式会社．ベームスタークラシック. http://www.chesco.co.jp/cheese/product/837-2/（最終閲覧日：

2022 年 2 月 2 日)

フォッセスタイン，J. 著，谷下雅義編訳　2017.『オランダ　水に囲まれた暮らし』中央大学出版部.

ヘルマン，J. 著，堀川幹夫訳　2002.『アムステルダム物語－杭の上の街－』鹿島出版会.

ベネーヴォロ，L. 著，佐野敬彦・林　寛治訳　1983.『図説都市の世界史 3（近世）』相模書房.

吉野正敏. 風車の歴史－オランダの例から－.

　　　https://www.bioweather.net/column/essay5/sw17.htm（最終閲覧日：2022 年 2 月 2 日）

Board of the Zuyderzee Works 1964. *Lamd out of the Sea.*

Gerritsen, H. 2005. What happened in 1953? The Big Flood in the Netherlands in retrospect. *Philosophical Transactions: Mathematical, Physical and Engineering Sciences* 363-1831: 1271-1291.

Lambert, A. 1985. *The Making of the Dutch Landscape: An Historical Geography of the Netherlands.* Academic Pr.

Van de Ven, G.P. *Man made Lowlands: History of water management and land reclamation in the Netherlands.* Uitgeverij Matrijs.

Zagwijn, W.H. 1985. *Geologie. - Atlas van Nederland, 13.*

〈17 章〉

梅田望夫　2006.『シリコンバレー精神－グーグルを生むビジネス風土－』筑摩書房.

片岡寛光　2021.『シリコンバレー物語－研究開発拠点移動の軌跡－』内外出版.

野口悠紀夫　2009.『アメリカ型成功者の物語－ゴールドラッシュとシリコンバレー』新潮文庫.

Bresnahan, T. and Gambardella, A. eds. 2004 *Building High-Tech Clusters: Silicon Valley and Beyond.* Cambridge University Press.

Rosenberg, D. 2002 *Cloning Silicon Valley: the Next Generation High-Tech Hotspots.* Pearson Education Limited.

Saxenian, A. 1994 *Regional Advantage: Culture and Competition in Silicon Valley and Route 128.* Harvard University Press（山形浩生・柏木亮二訳　2009.『現代の二都物語－なぜシリコンバレーは復活し，ボストン・ルート 128 は沈んだのか－』日経 BP 社).

Saxenian, A. 2006 *The New Argonauts: Regional Advantage in a Global Economy.* Harvard University Press（酒井泰介訳, 星野岳穂・本山康之監訳　2008.『最新・経済地理学－グローバル経済と地域の優位性－』日経 BP 社).

〈18 章〉

総務省統計局『世界の統計 2019』http://www.stat.go.jp/data/sekai/notes.html（最終閲覧日：2019 年 11 月 21 日）

谷口真人　2010.『アジアの地下環境－残された地球環境問題－』学報社.

谷口真人・吉越昭久・金子慎治編著　2011.『アジアの都市と水環境』古今書院.

谷口真人・谷口智雅・豊田知世編著　2011.『アジア巨大都市－都市景観と水・地下環境－』新泉社.

山下亜紀郎編著　2016.『土地利用で見るアジアの都市化と自然環境』筑波大学出版会.

〈19 章〉

オリヴィエ・ダベーヌ，フレデリック・ルオー著，中原毅志訳　2019.『地図で見るブラジルハンドブック』原書房.

西沢利栄・小池洋一　1992.『アマゾン　生態と開発』岩波書店.

ブラジル日本商工会議所編　2005.『現代ブラジル事典』新評論.

ブラジル日本商工会議所編　2016.『新版　現代ブラジル事典』新評論.

松本栄次　2012.『写真は語る南アメリカ・ブラジル・アマゾンの魅力』二宮書店.

丸山浩明　2010.『ブラジル日本移民－百年の軌跡－』明石書店.

丸山浩明　2012．ブラジルのバイオ燃料生産とその課題．立教大学観光学部紀要 No.14：61-73.

丸山浩明編　2013．『世界地誌シリーズ 6　ブラジル』朝倉書店.

吉田圭一郎　2013．多様な気候と植生．丸山浩明編『世界地誌シリーズ 6　ブラジル』26-33．朝倉書店.

吉田圭一郎　2020．熱帯雨林の破壊と保全(ブラジル)．『現代地政学事典』編集委員会編『現代地政学事典』210-211．丸善出版.

Gibbs, H. K., Rausch, L., Munger, J., Schelly, I., Morton, D. C., Noojipady, P., Soares-Filho, B., Barreto, P., Micol, L. and Walker, N. F. 2015. *Brazil's soy moratorium. Science* 347: 377-378.

Klink, C.A. and Machado, R.B. 2005. Conservation of the Brazilian Cerrado. *Conservation Biology* 19: 707-713.

Tabarelli, M., Pinto, L.P., Silva, J.M.C., Hirota, M., and Bed?, L. 2011. Challenges and opportunities for biodiversity conservation in the Brazilian Atlantic Forest. *Conservation Biology* 19: 695-700.

〈20 章〉

気象研究所台風研究部・榊原　均・中澤哲夫・高野洋雄　2006．ハリケーン・カトリーナについて．天気 53-1：49-59.

国土交通省河川局防災課災害対策室．2005 年の災害を振り返る 災害列島 2006.

　　https://www.mlit.go.jp/river/pamphlet_jirei/bousai/saigai/2006/2006.pdf（最終閲覧日：2022 年 2 月 18 日）

国立環境研究所．世界資源研究所，ミシシッピ川流域の自然を活かした洪水対策を紹介.

　　https://tenbou.nies.go.jp/news/fnews/detail.php?i=29835（最終閲覧日：2022 年 2 月 18 日）

小林秀行　2020．「復興とは何かを考える連続ワークショップ」の展開と到達点－「復興」とはいかなるものなのか－．日本災害復興学会論文集 15：19-28.

失敗学会．アメリカ，ハリケーン被害.

　　http://www.shippai.org/fkd/cf/CZ0200712.html（最終閲覧日：2022 年 2 月 18 日）

柴崎隆一．ハリケーン・カトリーナ災害に学ぶ復旧・復興計画　大規模浸水被害への教訓．World Watching 134.

　　https://www.phaj.or.jp/distribution/lib/world_watching/North America/North_America006.pdf（最終閲覧日：2022 年 2 月 18 日）

ナショナルジオグラフィック．2100 年，ミシシッピ・デルタ水没？

　　https://natgeo.nikkeibp.co.jp/nng/article/news/14/1392/（最終閲覧日：2022 年 2 月 18 日）

日本経済新聞．米の自然災害，被害額は過去最高の約 35 兆円．〈2018 年 1 月 9 日の記事〉

　　https://www.nikkei.com/article/DGXMZO25457690Z00C18A1FF1000/（最終閲覧日：2022 年 2 月 18 日）

Kates, R. W. et al. 2006. Reconstruction of New Orleans after Hurricane Katrina: A research perspective. *PNAS* 103-40: 14653-14660.

NASA. New Orleans Topography.

　　https://www.nasa.gov/vision/earth/lookingatearth/h2005-neworleans-082905.html（最終閲覧日：2022 年 2 月 18 日）

NASA. Hurricane Katrina.

　　https://earthobservatory.nasa.gov/images/5803/hurricane-katrina-arrives（最終閲覧日：2022 年 2 月 18 日）

National Park Service. Mississippi River Facts. https://www.nps.gov/miss/riverfacts.htm（最終閲覧日：2022 年 2 月 18 日）

Roberts, H. H. 1997. Dynamic Changes of the Holocene Mississippi River Delta Plain: The Delta Cycle. *Journal of Coastal Research* 13-3: 605-627.

Waltham, T. 2005. The flooding of New Orleans. *Geology Today* 21-6: 225-231.

おわりに

「みわたす・つなげる」シリーズ（みわつな地理）の 3 冊目となる『みわたす・つなげる地誌学』を，ようやくお届けすることができました。『みわたす・つなげる自然地理学』と『みわたす・つなげる人文地理学』の刊行からは，約 1 年空いてしまいましたが，1 つのコンセプトをもって 3 つの分野の概論をまとめることができ，少しだけホッとしています。

これまでに，地理学に関係する大学の教科書はたくさん刊行されてきました。そうした中で新たに教科書をつくるといった場合，どういった特徴をもたせればいいだろうか。シリーズの作成にあたり，私たちはこの点を考えました。その過程でたどり着いたのが，地理学の特徴である 2 つの力——「みわたす力」と「つなげる力」——を読者にしっかりと伝えるということでした。「みわたす・つなげる」をシリーズ名にすると決めたのは，ずいぶん後になってからのことでしたが，結果として，地理学を学ぶとどういった力が身に付くのかを読者に伝えるキャッチフレーズになったと思っています。

高等学校や中学校で地理（もしくは社会）の教員になるためには，大学で教員免許を取る必要があります。高等学校の地理歴史の教員免許に関しては，自然地理学・人文地理学・地誌学の 3 つの分野の授業の単位を取ることが求められますが，これらの分野は密接に関わっています。ただし授業のカリキュラム上，個別の授業の中で学んでいくと，それぞれの分野については深く学べても，学生は 3 つの分野の関係性を理解するのが難しいのではないか。そうした危惧があり，「みわたす・つなげる」シリーズは構想当初から 3 つの教科書を相互に参照しあえるようなものにしようと心がけてきました。本書以外の 2 冊を手に取っていただけていない方がいれば，ぜひあわせて読んでください。

また，本シリーズは「高等学校までに習う地理と大学の地理学との橋渡し」といった点を意識してきました。これも，他の大学教科書とは少し違う点です。これまで，3 つの分野それぞれに，良質な教科書が編まれてきましたが，そうした教科書の多くは「地理学科」「地理学コース」といった地理学の専門分野に進む予定の学生に向けたような内容となっていることが多いです。内容は，ややもすると他の専門分野に進む予定の学生には難しく感じてしまうことがあります。私たち執筆者は地理学以外に関心を持つ学生と接してきた経験を持っており，そうした学生にどうやって地理学の面白さを伝えるか，という点を考えてきました。特に，高等学校や中学校の教員を目指して，自然地理学・人文地理学・地誌学の授業を受講する学生のなかには，「歴史が好き」だけれども「地理はそれほど好きではない」という学生も含まれます。地理に馴染みのない学生に地理の見方や考え方を学んでもらい，少しでも地理の面白さをつかんでほしい。そのためには，高等学校までの地理と大学の地理学をつなぐような位置づけの内容がよいのではないか，と考えたわけです。想像しにくい事象や地域に

ついての内容であっても，できるだけ身近な例，もしくは取り組みやすそうな話題を交えることを心がけました。この試みがどれほど成功したのかどうかは心許ないですが，「みわたす力」と「つなげる力」を養える地理学は面白いんだぞ，ということを少しでも感じてもらえると嬉しく思います。

　ただ，少し反省点もあります。上記のようなコンセプトで紙面づくりをする一方で，基本的な事項は落としたくない，という思いもありました。基礎的な事項を入れこみつつ，いかに分かりやすくするか，という点を考えていったわけですが，時には基礎的な事項について省かざるを得なかったこともあります。また基礎的な事項を入れ過ぎて，逆にわかりにくくなってしまった部分もあるのではないか，といった思いもあります。次に活かしたいと思いますので，ぜひ，読者の皆さまからは忌憚ないご意見をいただければ幸いです。

　本シリーズの構想の発端は2017年，秋の人文地理学会の大会会場の廊下の長椅子での雑談でした。そこから3冊そろい踏みとなるまでに5年もかかったことになります。言い訳になるかもしれませんが，この間，新型コロナウイルスの世界的な流行によって各地の調査が十分にできなくなったことで，思わず時間がかかってしまいました。執筆者で国内巡検は何度か実施できましたが，具体的なプランまで考えていた海外調査はあきらめざるを得ませんでした。そうした地域調査の延期や中止が一番影響したのが，今回の地誌学です。発刊を他の2書より遅らさせるを得ず，また予定していた地域から差し替えて対応したものもあります。その意味で思い通りにならなかった部分もありますが，差し替えたことでよくなった部分もありますので，結果的にはよい塩梅になったかと思います。取り上げている地域については，あくまでも「みわたす力」と「つなげる力」でとらえる地誌学の事例です。本書でそうした事例を学んだあと，ぜひ身近な地域や旅行で行った地域について，自分なりの地誌学的探究を楽しんでください。

　末尾となりましたが，本書の作成に携わっていただいた方々にお礼を伝えたく思います。「みわたす力」と「つなげる力」を説明する挿絵を担当していただいた薄麻里奈さん，校正に協力いただいた前田愛佳さん，企画段階から刺激的な意見をいただいた小松陽介さん，ご協力くださり，ありがとうございました。そして，この「みわたす・つなげる」シリーズのコンセプトに共感していただいた古今書院の皆さま，とりわけ構想段階からお付き合いくださり，私たちが暗中模索状態に陥った時はいつでもやさしく光を照らしてくださった鈴木憲子さん，本当にありがとうございました。その他，本書の既刊シリーズを手に取ってくださり，ご意見，ご助言をくださったすべての皆さまにも感謝いたします。

執筆者一同

索　引

[執筆者紹介]

編 者
　上杉 和央（うえすぎ かずひろ）
　　京都府立大学文学部 准教授
　　1975 年香川県生まれ．京都大学大学院文学研究科修了．博士（文学）．
　　専門は，景観史および地図史．自然と人間の関係のなかで形成された景観の保存活用を支援している．
　小野 映介（おの えいすけ）
　　駒澤大学文学部 教授
　　1976 年静岡県生まれ．名古屋大学大学院文学研究科修了．博士（地理学）．
　　専門は，沖積平野の地形発達史．日本各地の考古遺跡を対象として，人と自然の関係について調査・研究を行っている．

執筆者
　香川 雄一（かがわ ゆういち）
　　滋賀県立大学環境科学部 教授
　　1970 年愛知県生まれ．東京大学大学院総合文化研究科修了．博士（学術）．
　　専門は，環境地理学・都市社会地理学．沿岸域の環境問題に関して，工業都市や農漁村における地域社会による対応を調査・研究している．
　近藤 章夫（こんどう あきお）
　　法政大学経済学部 教授
　　1973 年三重県生まれ．東京大学大学院総合文化研究科修了．博士（学術）．
　　専門は，経済地理学・都市地域経済学．産業立地と地域経済について，分業と制度の視点から調査・研究を進めている．
　吉田 圭一郎（よしだ けいいちろう）
　　東京都立大学大学院都市環境科学研究科 教授
　　1973 年愛知県生まれ．東京都立大学大学院理学研究科修了．博士（理学）．
　　専門は，植生地理学・生物地理学．日本国内では気候変化にともなう植生帯動態について，海外ではブラジルやハワイなどで人と自然のかかわりについて調査・研究を行っている．

みわたす・つなげる地誌学

令和 5（2023）年 1 月 25 日　初版第 1 刷発行
編　者　上杉和央・小野映介
発行者　株式会社 古今書院　橋本寿資
印刷所　株式会社 理想社
発行所　株式会社 古今書院
〒 113-0021　東京都文京区本駒込 5-16-3
Tel 03-5834-2874
振替 00100-8-35340
©2023　Kazuo Uesugi, Eisuke Ono
ISBN 978-4-7722-8122-5　C3025
〈検印省略〉　Printed in Japan